# 分析信息

香农、维特根斯坦、图灵和乔姆斯基对信息的两次分离

◎ 杨志刚 著

人民邮电出版社

北京

图书在版编目（CIP）数据

分析信息：香农、维特根斯坦、图灵和乔姆斯基对信息的两次分离 / 杨志刚著. -- 北京：人民邮电出版社, 2021.11（2024.5重印）
ISBN 978-7-115-56352-1

Ⅰ. ①分… Ⅱ. ①杨… Ⅲ. ①信息论 Ⅳ. ①G201

中国版本图书馆CIP数据核字(2021)第134170号

## 内 容 提 要

本书力图把对信息问题的思考从香农的工具层次中解放出来，将其提升到哲学高度，寻找能够打开思维空间的制高点和新视野。本书尝试从创新的角度独立寻找认知信息的路径和方法，对哲学、心理学、语言学的分析工具进行归纳，以期形成适合研究主题的系统思路和方法。本书对波普尔的三元世界观、三位一体脑和语言三元组这几个哲学、心理学和语言学工具进行了系统性识别和梳理，用图灵所说的"剥洋葱皮"的方法观察不同层次信息结构的演化形态和进程，提出了系统思维逻辑的三个步骤：一是从信息的本质出发——建立"主客体关系的存在形态"的视野；二是从信息的主体性考察——分析信息独立存在的条件；三是从演化的趋势判断——探索独立的信息结构被异化的可能性。

本书适合关注科学技术哲学的广大读者阅读。

◆ 著　　杨志刚
　　责任编辑　杨　凌
　　责任印制　周昇亮
◆ 人民邮电出版社出版发行　北京市丰台区成寿寺路 11 号
　　邮编　100164　电子邮件　315@ptpress.com.cn
　　网址　https://www.ptpress.com.cn
　　北京天宇星印刷厂印刷
◆ 开本：720×960　1/16
　　印张：14.25　　　　　　　2021 年 11 月第 1 版
　　字数：200 千字　　　　　2024 年 5 月北京第 7 次印刷

定价：99.00 元

读者服务热线：(010)81055410　印装质量热线：(010)81055316
反盗版热线：(010)81055315
广告经营许可证：京东市监广登字 20170147 号

给人生以意义,
给生命以色彩,
给未来以希望!

# 序

路德维希·维特根斯坦（Ludwig Josef Johann Wittgenstein）在《逻辑哲学论》前言里的第一句话是"这本书也许只有那些自己本身已经一度思考过这本书中所表达的思想或至少有类似这一思想的人才会理解"。我认为这句话同样适用于本书的开场白。

本书试图较系统地探索两个主题：其一是讨论"信息是什么"，其二是"该如何认识信息"。两个主题都触及深刻的哲学背景，是当代哲学的顶层命题。

关于"信息是什么"这个问题，至今不存在唯一的、能够被普遍接受的答案，因为从不同视角观察会出现千差万别的信息图像。人们对信息的通俗解释是"指我们所说的消息、情报、指令、数据等有关周围环境的知识"（《简明自然辩证法词典》）。随着近年来大数据和人工智能技术的飞速发展，人们开始触及"思维的主体性"等信息背后的哲学难题，不得不重新审视和直面——"信息究竟是怎样存在的？它是主观存在，还是客观存在？""作为世界的构成要素，信息还能再分解吗？""在信息爆炸的时代，信息不对称还存在吗？""数字化有没有边界？人工智能会不会生成意识？"这一系列当代难题。为了探讨这些问题，本书将思想的探头伸入关于信息的哲学盲区，这在同类著作中是难得并且罕见的。

"该如何认识信息"同样是关于方法论的哲学难题。迄今为止，克劳德·艾尔伍德·香农（Claude Elwood Shannon）的信息理论是人们认识信息的主要工具。由于香农信息论的工具层次远远低于研究对象的复杂程度，香农将语法符号独立出来的"数字化逻辑"无法解析与接收者意志相关的语义结构，将香农信息论广义化的负面影响是，它已将对信息化流行话题的讨论引入一种越来越逼仄，甚至无法转身的困境。本书中，杨志刚博士力图把对信息问题的思考从香农的工具层次中解放出来，将其提升到哲学高度，寻找能够打开思维空间的切入点，打开读者思维的新视野。本书尝试从创新的角度寻找认知信息的路径和方法，对哲学、心理学、语言学的分析工具进行归纳，以期形成适合研究主题的系统思路和方法。杨志刚博士对卡尔·波普尔（Karl Popper）的三元世界观、三位一体脑和语言三元组这几个哲学、心理学和语言学工具进行系统性识别和梳理，用艾伦·麦席森·图灵（Alan Mathison Turing）所说的"剥洋葱皮"的方法观察不同层次信息结构的演化形态和进程，**提出了系统思维逻辑的三个步骤：一是从信息的本质出发——建立"主客体关系的存在形态"的视野；二是从信息的主体性考察——分析信息独立存在的条件；三是从演化的趋势判断——探索独立的信息结构被异化的可能性。**

这一思维模式无疑为互联网时代信息理论的研究做出了重大贡献。

## 一、本书揭示了信息的主客体关系存在

本书突破了以香农信息论为代表的纯客体视角，提出了研究信息的主客体关系（"第三维"）视角。这一视角揭示了信息既非主体存在，也非客体的存在，而是主客体关系的存在形态（信息存在于主客体的关系之中）。没有"关系"即无所谓信息。这里所说的"主体"是和"客体"相对的哲学概念。主体指的是实践活动和认知活动的承担者；而客体则是指主体实践活动和认知活动的对象。杨志刚博士所提出的"第三维"视角是在主客体的基础上构建了更高维度的"关系"相空间。立足于这一新视野，杨志刚博士借助波普尔的三元世界作为与"关系存在"同构的参照体系，自顶向下地分析了信息的语法和语义、语义中的逻辑和指称、指称中的语义和意义之间的关联性。本书按照"第

"三维"的视角对信息时代的很多问题进行了统一的观察和解释,它对信息问题的覆盖面、解释力和穿透力已毋庸讳言。

这本书最重要的工作,就是立足于"主体关系"对信息的两次分离进行了澄清,并进一步讨论了演化中"分离"与"独立"之间的关系。

按照书中的说法,**香农把信息中语法的符号表达独立出来,可以看作是信息的形式独立**。它在工程技术方面重构了数字化世界的新形态,在很大意义上也为波普尔提出的世界3的独立性和客观性存在提供了一个证据。这次分离毫无疑问是信息的主体成分与客体成分的分离。

**图灵把信息中的(谓词)逻辑成分独立出来,可以看作是信息的结构独立**。它在工程技术方面开启了人工智能的新时代,在某种意义上也为维特根斯坦所说的"逻辑是先天的"做了注释。关于这次分离是主体与客体之间的分离,还是完全在主体范围内发生的分离,不同的学者应该会有不同的认识。指称无疑是主体性的内容,分歧的焦点是对逻辑主体性的判断。按照图灵的认识,数字计算机正在成为能够思考(思维)的机器,自然是把逻辑作为主体范畴的组成部分来看待;而按照维特根斯坦的观点,逻辑是客观存在的,按照这个观点,主体能做的只能是去发现它。这种分歧的焦点是,人类能够认识并表达出来的"思考(思维)"本身就是逻辑的(这是人们的一般认识,也是分析哲学在哲学领域产生重大影响甚至如今获得统治性地位的根本原因),还是维特根斯坦所发现的人类的思想里,除了逻辑以外还有非逻辑的成分(指称背后更依赖主体的东西)?按照图灵的理解,智能就是从对客观世界(包括客观的语法符号)观察的逻辑推理中得到(或还原出)语义的能力。在人与机器的竞争中,机器的胜出将是毋庸置疑的。为此,澄清这次分离,将帮助我们更加清晰地理解智能的含义。

在澄清了上述对信息两次分离的基础上,本书进一步区分开了指称背后涉及的语义和意义这两个概念，我认为，这个区分的动作可以看作是杨志刚博士对信息的第三次分离。这次分离则完全是在信息的主体范围内的分离，是人类思想中理性成分与感性成分的分离。只有在做出第三次分离并澄清语义和意义这两个概念（可以理解为相对的主体概念）的差别之后，我们才有可能找到分析和解答"人工智能会不会形成意识"的方法。按照书中的观点，**机器即便能得到全部语义，它也得不到意义，因而不可能形成意识**。综上所述，从某种意义上说，这本书对信息的分析已经触及了哲学上的边界，至少触及到了维特根斯坦所说的思想的界限（逻辑之外）的更深一层。

当然，目前第三次分离仍然只是哲学意义上的分离，还没有像前两次分离那样实现工程技术上的意义。因为从对前两次分离的哲学分析来看，也许只有具有客体属性的信息成分才能够独立出来，并借助外部的技术工具获得发展。所以，第三次分离带给我们的一个悬念就是：理性成分能够像语法、逻辑那样被独立出来，由机器来加速吗？或者先不做价值判断，只用功利一点的话来说，人能够变成超人吗？如果能，哲学家要考虑的问题是否应该从"人何以为人（而不是动物）"，改变为"人何以是人（而不是机器或者变异人）"。从人类进化的历史来看，问题就是，在机器（客体）智能快速发展的今天，"人类的主体理性还有自然进化的空间和时间吗？还是人类的主体理性只能接受被客体理性改造下的某种进化？"这是一个惊天大问！

## 二、本书触及思维异化的难题

按照信息的本质是主客体关系型存在的视角，当语法信息和逻辑计算独立为"客体特征"时，必然造就数字化技术和产品的飞速发展，使得主客体关系不断失衡，其结果是人们对数字化形态的网络和智能工具的依赖性越来越强，以至于人的思维方式逐渐被一个越来越具象、越来越精密的理性囚笼所禁锢，人们在不知不觉中丧失了创意能力。人类思维退化似乎是一种可以感知到的压力，它正不知不觉地映现于我们的生活方式。本书在第一章的"AI是否会成为新的一极"小节中开始触及数字进化与思维退化的深层次关联，即互联网时代的思维异化问题。

异化的哲学概念通常被规定为"主体发展到一定阶段，分裂出自己的对立面，变为外在的异己力量"。人类历史上至少经历了三次影响时代的异化。

第一次是宗教异化，即人创造了外在的超验的权威——上帝，上帝作为人创造的对象被独立出来，反过来由上帝支配人的意志，人的思想和行为被宗教异化。

第二次是劳动异化，即人在生产活动中发明了机器，机器是劳动的产品，人是机器的主人；而机器的存在逐步改变、主导了新的生产节奏、生产规则乃至生产关系，反过来支配人的行为方式，人的劳动被机器异化，人演化成机器构成的生产方式的奴仆。

我们正面临第三次异化——思维异化。思维异化指人创造了智能技术的基础，将思维作为研究对象，把数字技术运用到解释思维的进程中（对象化）；当智能思维演化成独立于人之外的思维时，这种思维能否把人作为对象来思维？或者说，在什么意义上，智能思维可以支配人的思维（异化）？

语法信息和逻辑计算的独立所生成的智能生态是这个时代工具理性的典型代表。当智能手机控制人的行为方式，退化人的灵魂时；当互联网以扁平化的存在形态抹平人的差异，打破身份和能力的同一性标准，碾压精英主导的思想空间，使得情绪化的互联网民粹替代互联网民主，理性的思维方式被舆论暴力所解构时；当互联网工具可以通过大数据精准操控选票，使得选举与个人对利益的认知和价值寄托相分离时，人们逐渐意识到，通过数字和智能工具的帮助得到的似乎不是自由的思想空间，而是不知不觉把思想的自由禁锢在工具理性的囚笼之中。人们正快步卷入思维异化的节奏。佛家所说的"末法时代"难道即将来临？

对于信息的工具化、庸俗化、符号化所带来的局限性乃至思维异化的反思，我认为杨志刚博士所致力的不是科学意义上的探索，而是哲学意义上的探索。读完这本书再回过头来看，我们发现对信息的认知要么是数学问题——如香农和图灵所分离出的那部分，要么是哲学或心理学问题——如本书所揭示的、此前未被充分关注的那部分，但可能恰恰不是从纯客体视角观察的科学问题。

科学止步之处，就是哲学开始之时。从现代科学和分析哲学的理念框架中挣脱出来，回归古典哲学对人类主体的关注，是人类存在和发展需要考虑的永恒主题。

## 三、本书给哲学思考带来的几点启示

本书的主脉络由"关系""分离（独立）"和"异化"三个关键词扩展的理念构成。就本人的理解，本书虽以信息为主题，但通过对信息的多层"打开"，正在触及信息以外的、当代哲学中的一些重大问题。

（一）书中所讨论的"主客体关系存在"涉及关系主体性世界观。"主客体关系"指世界是一元关联结构的运行逻辑，而不是简单的支配与被支配的二元对立、非此即彼的决定论。如果说动物的自然存在是被欲望驱动，那么人的存在应该是被意义（价值）驱动。意义（价值）是主客体的关联结构，人的存在需要建立主客体关系的意义（价值）基础，而人的终极的行为动力也来源于对未来意义世界的追求。因此，信息必然是人的存在及其在追求意义世界的过程中与主客体关系同构的、密不可分的要素。这应该是关系主体性世界观的核心所在。

（二）书中所解析的"分离"和"独立"涉及观测未来的哲学视野。老子说:"道生一,一生二,二生三,三生万物。""三"是万物之源,如果说父母是主客体关系的二元结构,那么从父母"分离"出的婴儿就是"三"。"三"是光彩夺目的,他重构了父母的基因,一旦从原始的主客体关系中"分离"出来,就会"独立"开始自己的生活,即将开启一个新的世界(生万物)。香农把信息中语法的符号表达独立出来,重构了数字化世界的新形态;图灵把信息中的(谓词)逻辑成分独立出来,开启了人工智能的新时代,其中"分离"和"独立"是主体关系演化的自组织形态,它和波普尔提出"世界3"的哲学观点天然契合。波普尔将"自主思想"作为世界3的中心思想,承认世界3的实在性或者可以说是自主性,同时又承认世界3起初是人类活动的产物。他认为:"虽然世界3是人的产物,人的创造正如其他动物的产物一样,反过来创造了自己的自主领域。"(波普尔:《科学知识进化论》,三联书店,1987,第322页)对信息的分离和独立的考察,可能成为观测未来世界的一个工具。

(三)格奥尔格·威廉·弗里德里希·黑格尔(Georg Wilhelm Friedrich Hegel)曾经讲过"没有哲学的时代是黑暗时代"。对于"思维异化"的挑战,如果西方传统的二元分析逻辑难以解析有关"善"和"美"的价值内涵的话,我们可以回顾一下祖宗创造的东方哲学,比较一下东西方文明的重大差异,也许有助于探讨新时代的世界观和理论(此处不赘述)。

综上所述,杨志刚博士为了将信息的探讨系统化,对哲学、心理学、语言学、工程学等诸多研究主题进行了跨领域、跨层次的接续,引用了大量哲学、心理学、语言学研究的概念和观点,一方面会给读者带来阅读上的困难,但另一方面,杨志刚博士以这些概念和观点作为"脚手架"和"砖块",构建起分析信息的体系性思考架构,这是一个了不起的贡献。在今天的学术氛围中,杨志刚博士这种独立思考、执着求真的态度是受人尊重、值得我们效法和自勉的。

虽然我们已经意识到信息是一个非常复杂的认知对象,但长期以来我们的认识始终受限于香农的信息理论,往往习惯用结构化的视角识别一个超复杂的空间来理解这个黑暗盲区的本质和真相。为了在黑暗中摸索路径,我们不得不从传统的二维平面的思维方式中跳脱出来,从更高的维度来立体化地观察问题。我以为这是本书的开创性意义所在。当然,这本书只是为对信息的认识开启了一个思路,这个思路的价值不在其真理性,而在其开创性。对于这种开创性的工作,完全可以有不同的判断。我想,就如伏尔泰所说,开辟新途径的人可以铸成大错而不受责难,这是他们的特权。

为了找到我们自身存在的理由和意义,为了展望人类群体生存和发展的方向,我们总要竭力保留求知的好奇心,保留对未来童真式的憧憬,这应该是本书给予我们的一个耐人寻味的启发。我想,也是这本书的价值所在。

杜　链

# 前言

数字经济正在快速发展中，已成为当前经济活动中最具创新活力的组成部分。目前，不但关于数字经济的认识需要深化，而且首先需要对其中的信息、知识、数据、数字的（和数字化）、智能等基本概念的理解进行深化。关于这些概念的理解和辨析不免跃出了经济研究之外，甚至到了看起来有点远的地方。

信息技术不是深化这些理解的合适出发点，信息才是，但必须把信息概念打开才有深化理解的可能，就像需要把粒子打开才能深入理解物质一样。到目前为止，信息概念仍是一个看似简单，但却非常模糊的概念，采用工程层次的信息概念很难对众多信息现象进行一致性理解或解释，关于信息的理解可能需要放到哲学层次来分析。澄清概念，或者寻找现有概念的区别，应当作为理解信息的一个基本思路。本书把对信息的分析，特别是语义信息的分析作为核心。

第一章先借助波普尔提出的三元世界观，采用借鉴语言学模型建立的信息三元组、三位一体脑信息系统等工具，分析了香农对语法信息和语义信息的分离，以及这次分离给三元世界带来的变化。

第二章用隐喻的方法，对第一章中谈到的语义信息传送的若干情景进行了简要描述，以便于对语义信息的理解。

第三章在语义信息和语法信息分离的认识基础上，对数字经济治理的几个重要问题进行了分析，主要是个人信息、线上规则、人工智能（AI）的道德和伦理以及语义信息安全等问题。

第四章从哲学角度分析了维特根斯坦、图灵和艾弗拉姆·诺姆·乔姆斯基

（Avram Noam Chomsky）对指称和逻辑的分离，从语义信息的角度，这可以称为信息的第二次分离。在这个分离的基础上，进一步对"AI 是否会获得意识"及强人工智能的发展等问题进行了分析。

语义信息是更好地理解信息经济学、数字经济，以及与数字化有关的许多现象、社会问题（与人相关的问题）的关键概念。围绕语义信息理解与信息相关的问题是本书最重要的一个观点。

虽然香农在阐述其信息论时已经明确地表示了把信息的意义从通信研究中剥离出去，但后人大多误解了，而把香农的信息作为信息的全部来看，带来了种种理解上的障碍。比如，十几年来，我就问了自己无数遍，信息通信技术都这么发达了，互联网、移动互联网都这么普及了，信息不对称的问题缓解了吗？没缓解吗？到底有没有缓解？始终没有答案。如果把这个问题放在语义信息和语法信息分离的情况下，就很容易理解了，甚至是恍然大悟。

要想理解 AI 的有关问题，则需要再把语义信息进一步打开。维特根斯坦、图灵、乔姆斯基等人早已把逻辑和指称进行了分离，这次分离使逻辑计算可以单独拿出来，交由机器来计算，从而形成机器智能，并发展为今天的 AI。我们在信息语境下重新审视了这次分离，认为可以把这次分离作为逻辑语义和指称语义的分离，并且发现后人对他们也存在颇多误读甚至是不理解。这也是造成今天很多理解障碍的原因。把这次分离的过程以及指称的结构分析清楚，诸如"AI 能否获得意识"等问题的答案也就不言自明了。

波普尔的三元世界观是本书研究信息问题最基本的参照系，用这个工具可以比较容易地定位所谈问题的坐标。在波普尔提出的三元世界里，本书主要关注了世界 2（人类精神世界）和世界 3（信息和知识世界）。世界 3 是受数字技术和数字化进程影响和改变最大的一个世界，很多问题是波普尔未曾论及的，值得进一步观察和分析。世界 2 就是我们自己的精神世界，三位一体脑信息系统很适合用来分析这个世界。

在信息研究方面，马克·布尔金（Mark Burgin）的《信息论：本质·多样性·统一》提供了极为丰富的理论和资料线索。三元世界观、语言三元组、三位一体脑信息系统就是从这本书中得到的重要工具。可以说，"弱水三千，我取三瓢饮"，按佛祖的话说似乎就有点贪心了。但这几个问题实在是高度相关，分割开来难免会产生更多问题。这3个工具组合在一起应该可以解释很多问题，但布尔金似乎并没有注意到这一组合的妙用。我也希望本书能为读者提供一些"可饮之水"。

非常感谢我的家人、师长和朋友们的支持和帮助。我的夫人张玉用她的专业知识帮我解答了不少生物学方面的困惑。杜链老师在方法论方面给予了我很多指导，打开了我思考的空间。写作过程中，李苑博士、龙海泉博士和荆洁读过我的一些草稿，给予了我很多意见和鼓励。在这里对他们的帮助致以深深的感谢。当然，书中的错误之处完全是我自己的责任，恳请广大读者批评指正。

最后需要说明的是，本书旨在帮助大家澄清认识、理解现象，而不是提出方案、改变现实，也就是提出一个"怎么看"的思路和角度，而不是"怎么干"的框架和指南。对此，读者可自行选择是否阅读本书。

# 目录

## 第一章 论数字化信息

**一、三元世界中的信息、知识和智能** ...... 2
    1. 波普尔的三元世界观 ...... 3
    2. 其他三元世界观 ...... 4
    3. 知识和智能在三元世界中的位置 ...... 4
    4. 国内有关研究 ...... 5

**二、数据、信息和知识的关系** ...... 6
    1. 对于数据、知识和信息的理解 ...... 6
    2. DIK 金字塔 ...... 8
    3. 结构化的理解 ...... 9
    4. KIME 正方形 ...... 10

**三、数字化带来的变化** ...... 11
    1. 数字与数字化 ...... 11
    2. 数字化记录的信息和知识极大丰富 ...... 13
    3. 数字化计算的结构化能力不断增强 ...... 14
    4. 数字化通信网络改变人类社会 ...... 15

**四、信息的含义及其回归** ...... 16
    1. 信息与含义的分离 ...... 16
    2. 信息的含义 ...... 17
    3. 语义信息的含义 ...... 20

4. 含义的回归 ······26

## 五、信息的含义如何实现 ······29
1. 人脑信息处理系统 ······30
2. 情绪的回归 ······33
3. 影响信息含义获取的方法 ······34

## 六、三元世界的变化 ······36
1. 数字化信息世界快速膨胀 ······37
2. 数字化信息世界动态化 ······38
3. 数字化信息的流变 ······39
4. 信息超载和流变带来的问题 ······40
5. 应对问题的办法 ······41
6. 这个新世界的名字 ······42

## 七、继续变化的世界 ······43
1. AI 重新崛起 ······43
2. AI 是否会成为新的一极 ······44
3. 赛博物理系统 ······46

## 八、小结 ······47

# 第二章 关于语义信息的若干隐喻

一、信息通信网络好像公路、铁路、水路 ······50

二、电、磁、光、纸等载体（通信信号）好像汽车、火车、轮船等运输工具 ······50

三、信息的语法（符号）好像集装箱 ······50

四、信息的语义好像集装箱里装的货物……………………51
    1. 准备工作……………………………………………51
    2. 双方商量好的情景（定向通信情景）……………51
    3. 双方未商量好的情景（非定向通信情景）………52

## 第三章 论数字经济治理

一、涉及的主体和规则………………………………………58

二、个人信息、权利及保护…………………………………59
    1. 个人信息的性质和特点……………………………59
    2. 个人信息的权利……………………………………61
    3. 个人信息的存在现状………………………………64
    4. 个人信息保护的难点………………………………66
    5. 未来个人信息及权利的意义………………………68

三、规则的修订与更新………………………………………69
    1. 旧约及向线上的延伸（旧约的修订）……………70
    2. 区块链新约的乌托邦实践…………………………72
    3. 从机—机之约到人—人之约的距离………………74
    4. 新旧约的现实选择…………………………………76

四、AI 的道德和伦理…………………………………………77
    1. 道德和伦理…………………………………………77
    2. 道德判断和伦理选择………………………………78
    3. 关于 AI 的道德和伦理问题的构建…………………85

五、语义信息的安全…………………………………………86

六、小结………………………………………………………89

## 第四章 第二次分离

一、语言中的指称和逻辑 ······································· 92
  1. 关于对象、名称、记号和指谓 ······················ 92
  2. 关于指称 ···················································· 93
  3. 关于"说"和"读" ········································ 100
  4. 关于"不可说" ············································ 101
  5. 指称和逻辑 ················································ 102
  6. 老子的看法 ················································ 103
  7. 完全语义 ···················································· 103

二、逻辑和指称的分离 ······································· 104
  1. 维特根斯坦做的分离 ································· 104
  2. 图灵做的分离 ············································ 104
  3. 图灵与维特根斯坦所做分离的比较 ············ 106
  4. 乔姆斯基做的分离 ···································· 109
  5. 乔姆斯基和维特根斯坦所做分离的比较 ····· 110
  6. 信息的两次分离 ········································ 113
  7. 指称的通信 ················································ 114
  8. 信息两次分离的意义 ································· 116

三、逻辑有没有含义 ··········································· 117
  1. 这个问题的意义 ········································ 117
  2. 为什么认为逻辑是语义的一部分 ··············· 118
  3. 维特根斯坦的看法 ···································· 119
  4. 逻辑的客观知识特征 ································· 119

四、指称后面的东西为什么"不可说"？ ············ 121
  1. 指称是意义的由来 ···································· 121

2. 指称是信息传送之前的东西 …………………… 121
　　3. 作为摩擦力的指称和交易成本 ………………… 121
　　4. 维特根斯坦的努力和无奈 ……………………… 122
　　5. 能否用逻辑研究非逻辑问题 …………………… 123
　　6. 逻辑和非逻辑的调和 …………………………… 124
　　7. 语法和语义如何连接 …………………………… 125
　　8. 作为旁证的道德两难问题 ……………………… 126
　　9. 指称语义和逻辑语义的比较 …………………… 127
　　10. 用机器能否推算语义 ………………………… 128
　　11. 还能"说"点儿什么 ………………………… 129

## 五、关于指称的作用的不同看法 ………………… 130
　　1. 维特根斯坦的看法 ……………………………… 130
　　2. 罗素和其他人的认识 …………………………… 131
　　3. 图灵们的想法 …………………………………… 132
　　4. 乔姆斯基对指称的质疑 ………………………… 135
　　5. 对维特根斯坦的理解 …………………………… 137

## 六、关于"强人工智能和 AI 能否获得意识"的问题… 139
　　1. 到底该问什么问题 ……………………………… 139
　　2. 关于自我意识及其形成 ………………………… 141
　　3. 人类如何获得自我意识 ………………………… 141
　　4. 关于意义和指称语义产生的猜想 ……………… 142
　　5. 真正该担心的事情——机器会不会"顿悟" …… 145

## 七、关于"顺应语境的语义迁移能力"的研究 …… 145
　　1. 直觉、暗默知识、类比和隐喻 ………………… 146
　　2. 波兰尼的暗默知识 ……………………………… 146
　　3. 侯世达的类比 …………………………………… 146

4. 隐喻——类比的表兄 …………………………… 147
　　　5. 最神秘的地方 …………………………………… 148
　　　6. 批评与辩护 ……………………………………… 148

　　八、"西医"和"中医" ……………………………… 149
　　　1. 哲学治病 ………………………………………… 149
　　　2. "中医"和"西医" ……………………………… 150
　　　3. "中医"可期待吗? ……………………………… 151

**附录一** 《哲学研究》第 156 ~ 171 条 …………… 153

**附录二** 《哲学研究》第 255 ~ 257 条 …………… 165

**附录三** **计算机器与智能** ………………………… 167
　　　1. 模仿游戏 ………………………………………… 168
　　　2. 对新问题的评论 ………………………………… 169
　　　3. 游戏中的机器 …………………………………… 170
　　　4. 数字计算机 ……………………………………… 171
　　　5. 数字计算机的通用性 …………………………… 174
　　　6. 关于主要问题的对立观点 ……………………… 176
　　　7. 学习机器 ………………………………………… 187

**参考文献** ……………………………………………… 193

**后记** **对已知的无知** ……………………………… 197

# 第一章

## 论数字化信息

### 分析信息

本章以波普尔的三元世界为参照系，分析了数字化给世界（尤其是知识和信息世界）带来的变化。数字技术大大提高了语法信息的处理效率，但同时也将语义信息剥离出去。随着数字化信息世界的极大膨胀，语义信息成为理解数字时代的关键概念。受制于认知能力的进化，人类的语义信息处理效率跟不上语法信息处理效率的提升，因而带来了人们对信息超载的焦虑。从语用信息角度出发，信息发送者和信息中介通过各种语法信息处理技术提高对信息接收者认知和情绪的影响效率。基于统计学习的人工智能天然适合大数据处理，成为替代人类处理数字化信息的重要参与者，也使人们产生了新的担忧。我们正在用香农开创的语法信息处理技术改变世界，但需要借助语义信息才能更好地理解这个世界。

第一节和第二节我们先在望远镜下看看信息所处的外部世界及其与相关概念的关系。第三节介绍了香农发明（或发现）处理信息的新工具——数字技术。第四节我们转到显微镜下来观察信息，可以从语法、语义和语用三个角度来看，并重点分析了被香农剥离的语义信息的情况，这也是深入理解信息问题的关键。第五节我们继续在显微镜下观察信息，只不过把视角转到了语用方面，看看从语用信息角度如何影响信息接收者——尤其是人的大脑。第六节我们再次回到望远镜下，看看数字化给世界带来的变化。第七节我们继续在望远镜下看世界，看看数字化带来的另外一个变化——AI 可能带来的影响。

##  三元世界中的信息、知识和智能

从上述词语的现代使用意义来看，人们对这些概念的关注和研究的时间早晚有很大不同。"知识"一词古已有之，并受到长期关注；"信息"一词大约出现在 16 世纪，但到信息革命前后才引起研究者的关注；"数据"一词在 20 世纪 40 年代后随着电子计算机的出现才开始广泛使用；"智能"一词的使用则要更晚一些。

## 1. 波普尔的三元世界观

1967 年 8 月，哲学家波普尔在第三届国际逻辑学、方法论与科学哲学会议上致辞，提出三元世界的观点，这个致辞被收录于 1972 年出版的《客观的知识：一个进化论的研究》一书的第三章"没有认识主体的认识论"中。波普尔的三元世界是一个非常有代表性的表述，可作为理解信息、知识等概念最基本的参照系。何兆武先生在评价波普尔的《历史主义贫困论》时也特意提到了波普尔这个世界 3 的理论创新，认为他别出心裁，用三分法替代了传统的客观物质世界和主观精神世界的二分法。布尔金将波普尔提出的三个世界图示化为图 1-1，并为三个世界命名。

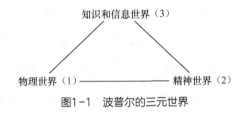

图1-1 波普尔的三元世界

波普尔提出：世界 1 是物理客体或物理状态的世界；世界 2 是意识状态或精神状态的世界（波普尔也称之为心灵世界或心灵状态的世界），或关于活动的行为意向的世界；世界 3 是思想的客观内容的世界（波普尔也称之为智性之物的世界），尤其是科学思想、诗的思想以及艺术作品的世界，由书籍、文献或科学理论等的知识内容构成。布尔金提出，"由于波普尔交替使用术语信息和知识，所以世界 3 由信息和知识组成"，或者说是由记录下来的信息和知识组成。世界 3 是波普尔最为关注的一个世界。波普尔认为，世界 3 虽然是人工产物，但它是实在的、客观的、自主的，即世界 3 以符号表现形式依附于物质实体存在，一旦产生，就有了自己的发展规律，能脱离于它的生产者而独立存在，甚至人们只能说是发现了它们，而不是发明了它们。世界 2 是世界 1 和世界 3 之间的中介，即世界 1 和世界 2 能相互作用，世界 2 和世界 3 能相互作用，但世界 1 和世界 3 只有通过世界 2 的干预才能相互联系。中介作用既是世界 2 存在的意义，也是其存在的证明。

## 2. 其他三元世界观

布尔金指出，三元世界的思想最早是由柏拉图提出的，不过布尔金自己也提出了一个类似的三元结构，其他学者也有类似的不同表述，柏拉图、布尔金等与波普尔表述的主要差别在两个方面：一是在物理世界和精神世界两元世界的共识基础上，对第三个世界的表述不同，波普尔认为第三个世界是"知识和信息世界"，柏拉图认为是"理念/形式世界"，布尔金表述为"结构世界"；二是对第二个世界和第三个世界的边界区分有所不同。综合考虑波普尔、柏拉图和布尔金的这三种表述，第二个世界和第三个世界的区别应当在于：知识和信息世界是被表达或被记录下来的知识和信息，波普尔认为其中很多是人们无意识的副产品（或人类有目的活动的无计划产物），而精神世界（包括感性世界和理性世界）中保留的应当是个体意识、心理（情绪）、认知、心智、智能（或大脑内在的信息/知识处理能力），以及群体精神，如集体潜意识和集体智能等。三个世界中分别存在物理主体、心智主体和结构或信息主体。

## 3. 知识和智能在三元世界中的位置

智能（智慧）可以理解为对信息/知识的处理能力。认知心理学家认为，认知就是信息加工。从知识研究的角度看，显性知识定义为可表达的知识，隐性（暗默）知识只可意会、难以表达出来，所以隐性知识部分更接近智能、智慧的含义。有观点认为，只有暗默知识才是构成人类智慧的核心，如《道德经》所说的"道可道，非常道"，而能够表达和记录在知识和信息世界的显性知识只是它的部分结果展现。所以，一般常说的智慧、智能、才智、认知等概念定义在人类的精神世界中比较合适，而将知识和信息定位于知识和信息世界中比较合适。

从感觉—反应的生物本能（类似电子自动化）到感知（觉）—反应（适应）的初级生命智能，人类经历了长期进化过程。按照弗朗西斯·培根（Francis Bacon）的说法，人类有获得解释（理解）自然的知识和改变自然的权力——即包括对客观世界（包括物理世界、精神世界中的思维本身与知识和信息世界）的认知能力和改变能力两个方面，这两个方面也对应着科学领域和技术（工程）领域的发展，成为当前人类智能成就的最高体现。按照培根的说法，科学发现包括现象观察和原因解释（理解）两个过程，波普尔则用猜想（解释原因的假说）和反驳（通过进一步观察来证伪）来表示科学知识的增长过程，其中测量工具的水平是影响科学发现（现象观察）的重要因素。从近年人工智能的发展来看，图像识别、语音识别、自然语言处理都是发展类似感知或认知的能力，一些适应外部环境和博弈的智能行为则是改变世界的能力，但对世界的理解或解释仍是人工智能尚不具备的能力。

被记录下来的知识和信息世界不是物理世界的直接映射，而是物理世界经过人类精神世界（认知）加工后形成的知识内容，再经过文字、书籍、电子化工具、数字化工具等记录下来后的（显性）知识和信息构成的一个天地，所以说，知识和信息世界是由人类精神世界构造出来的。当然，随着自动测量、自动数据采集和自动存储设备的大量使用，物理世界的很多数据正在（不经过人类精神世界的加工或监测而）直接进入知识和信息世界。即便如此，人类仍然通过影响测量、采集模式而间接影响数据进入知识和信息世界的方式。

## 4. 国内有关研究

胡虎、赵敏、宁振波等编著的《三体智能革命》提出了一个三体智能模型，如图 1-2 所示，与上述三个世界的构成也有些相似。

图1-2　三体智能模型

图 1-2 中，物理实体是由自然界物质及人类所创造的各种实体设备（哑设备）、人造材料构成的物质与材料世界。意识人体是人体中具有智能反应与智慧的意识活动的部分。数字虚体是存在于计算机和网络设备之中的所有数字代码的集合体，基于计算机而实现，由于网络通信而增强，也称赛博虚体。物理实体和意识人体交汇成 PCS（Physical-Conscious Systems）界面，意识人体和数字虚体交汇成 CCS（Conscious-Cyber Systems）界面，数字虚体和物理实体交汇成 CPS（Cyber-Physical Systems）界面。3 个系统交汇的中心是智能。这个模型直接把记录信息的世界具体化为当前数字化记录的信息世界，因为现在人类的信息和知识中能够数字化的几乎全都数字化了，或者说，现在的知识和信息世界已由书面记录变为以数字化记录的知识和信息填充而成。

##  二 数据、信息和知识的关系

数据、信息和知识这 3 个概念，各自都有很多定义和理解，这 3 个词不但经常相伴出现，而且经常用来相互定义，并被交叉使用或互相替代使用。有人认为，概念本身并不重要，如斯潘－汉森（Spang-Hanssen）所说，"可能当信息这个词没有任何正式定义时，这个词是最有用的"。但比较公认的观点是，数据、信息和知识三者之间的关系在当今信息时代至关重要。

### 1. 对于数据、知识和信息的理解

（1）数据的诸多定义可以归纳为两种主要的理解：一是关于客观事实的测量（和/或记录、表示）结果，用以表示某客观对象（区别于其他对象）的特异性；二是记录客观事实、信息或知识的符号，或者说，是用符号对信息的记录（这个记录过程不一定都经过人脑，比如机器自动测量或记录数据）。第二种理解在计算机出现之后才开始出现（在这个意义上，数字化记录的信息和知识都可被称为数

据），随之出现的数据包、数据流等说法，隐含着将数据作为一种具有客观存在性的、物理的东西来理解的意思。现在绝大多数信息处理工具都是采用二进制数字形式来表示数据，所以比特（bit）成为度量数据的常用单位。数据是自然存在的，我们的获得方式只能是主动发现、测量和记录（或者说，只有经过测量和记录，才能显示出数据这个事物），数据受测量工具和记录工具的影响很大。

（2）知识是经过人脑精神世界加工的产物。但关于知识也没有统一明确的定义，主要的理解包括：由信息感觉进化到大脑知觉后得到的对客观世界的认识（或对事实和信息的知道）；大脑对各种信息进行思考加工后做出的正确判断（或认知的结果）；对做出正确认识和判断原因的解释（对科学知识而言），等等。获得知识的方式是学习，无论是个体学习（主动地学习和被动地受教育），还是组织学习，或者是计算机的学习（机器学习、深度学习、强化学习等）。学习这个词有知识内在化（内在结构化）的含义，而不仅仅指信息和数据的获取。

（3）信息的定义和对于信息的理解更多。引用较多的是拉尔夫·哈特利（1928年）给出的科学信息的定义："信息是被消除的不确定性（或被反映出的变化）"，继香农创立的信息论带来了信息革命，延续至今的深远影响使信息成为这个时代关注的重点，现在经常将其视为与物质、能量并列构成世界的原始要素，甚至有人视之为比物质、能量还要原始的要素，如物理学家约翰·阿奇博尔德·惠勒所说的"万物源自比特"。面对纷纭众说，马克·布尔金在其尝试一统信息论天下的"一般信息论"中提出，有必要区分一般意义上的信息和关于一个系统的信息，"关于一个系统的信息"的意思是要把对信息的理解界定为相对于某个系统（或接收者/接收器）而言，从而可将信息理解为：关于一个系统的信息就是引起系统变化的能力（潜力），更精确一点的相对概念是：关于一个系统的信息是对象（事物、文本、信号等）在该系统的信息逻辑系统中产生变化的能力。这个定义有点抽象，如果以某个人的知识系统为例，可以通俗理解为：相对于某个人（即一个知识系统）而言，信息就是外部的事物、文本、信号等给这个人（大脑中）既有的知识系统（即其认知信息逻辑系统）带来的改变，这种信息就是一般所说的认知信息。信息的获得方式有被动的外部信息接收，也有主动的信息寻找（如观察）。所以，对于学习者来说，通过教育直接获得的不是知识，只是信息，受教育的过程是一个信息接收过程。

## 2. DIK金字塔

数据—信息—知识（Data，Information，Knowledge，DIK）金字塔成为描述三者关系的一个重要模型。布尔金的《信息论：本质·多样性·统一》和戴维·温伯格（Dawid Weinberger）的《知识的边界》中都提到，哈兰·克利夫兰（Harlan Cleveland）在1982年发表于《未来学家》杂志的《作为资源的信息》一文中详细描写了数据—信息—知识的层次结构，而且克利夫兰指出，这个层次结构起源于英国诗人托马斯·斯特尔那斯·艾略特（Thomas Stearns Eliot）1934年的剧本《磐石》，其中写道，"我们生活中失去的生命在哪里？我们在知识中失去的智慧在哪里？我们在信息中失去的知识在哪里？"在这个文学作品提及的信息—知识层次结构的基础上，克利夫兰等增加了"数据"层（或"事实和思想"层），产生了DIK金字塔的概念，如图1-3所示。

图1-3　DIK金字塔

按照培根的说法，学问并不教人怎样使用学问，对学问的使用，乃是一种在学问之外又高于学问的智慧。有学者把智慧（wisdom，或思想、才智）、理解等概念加在金字塔之上，形成了以DIKW为代表的扩展金字塔。还有学者把智能、认知以及比特等概念也加入其中,把这个金字塔结构扩展成 4~6 层。如前所述,从人本角度来看,认知、才智、智能、智慧可以看作是人类精神世界(世界 2)范畴的内容(表示主观认识、能力或行为的主体概念),数据、信息、知识可以看作是知识和信息世界的东西(表示作用对象的客体概念,是一种客观存在),所以,各归其位、在各自的世界里来辨析这些概念之间的关系可能更合适。这个 DIK 金字塔可以看作是世界 3 的组成结构,即由艾略特的第三个问题发展而来,而艾略特的第二个问题跨越了两个世界(世界 2 和世界 3)。

### 3. 结构化的理解

结构主义思想对于理解数据、信息和知识的关系极其重要。结构化认识是人们从混沌走向清明的必然过程,像布尔金就把"结构世界"作为三元世界中的重要一元,并把结构作为理解信息现象的本质。结构化可以成为外在的表达,但真正的结构化是经过人类精神世界,尤其是通过其中的理性信息系统加工构建起来的。从数据到信息再到知识,可以视为一个结构化、再结构化的过程。但在具体理解上,却没有非常一致的认识。下面列出 3 种结构化理解。

理解 1:信息是数据的结构(或结构化的数据),知识是信息的结构(或结构化的信息)。

理解 2:1987 年,米兰·泽莱尼(Milan Zeleny)把数据定义为"无所知",把信息定义为"知道是什么",把知识定义为"知道如何做",把才智定义为"知道为什么"。1997 年,查尔斯·T. 梅多(Charles T.Meadow)和 Weijing Yuan 提出,数据通常意味着一个符号集合,这些符号对于一个接收者意义很少或者没有意义;信息是符号的集合,这些符号对于它们的接收者具有意义或重要性;知识是被接收者接收和处理的信息的积累和整合。

理解 3:信息被用于指定孤立的、有意义的数据,这些被整合在一个语境中的数据构成了知识。

## 4. KIME正方形

也有不少学者提出了其他的理解方式，布尔金用物质—能量关系类比提出了 KIME 正方形的结构化理解，认为信息和知识/数据是不同类型的事物，其关系如图 1-4 所示，信息之于知识和数据，就像能量之于物质。知识和数据是同样的类型，是某种结构，而信息只是被表示，并且能被结构所承载。如果说知识是结构世界的物质，信息就是结构世界的能量。还有很多学者也把信息和知识/数据作为两个不同类别的事物来看待。比如，野中郁次郎（Ikujiro Nonaka）（1996 年）说，"信息是流动，知识是蓄积"。或者把信息理解为一个过程，而把知识理解为一个状态。

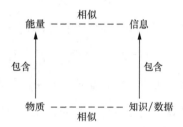

图1-4　知识—信息—物质—能量（KIME）正方形

信息、数据和知识之间的区别和联系包括：（1）数据和知识的区别主要是在结构的复杂度方面。可以通过类比来帮助理解：用分子作类比，数据就像水分子，而知识就像 DNA 大分子。（2）物理存在的是数据（或数据表示），信息是利用知识从数据中提取出来的东西，就像用工具从物质中提取出能量一样。（3）在信息的作用下，数据可以转化为知识。这一点和布尔金所定义的信息的含义大致相同，也和学习过程类似，而学习既是智能的典型特征，也是知识增长的基本过程。

无论上述哪种理解，都隐含了一个理解信息和知识的区别：一个人拥有的知识是可以在之前知识的基础上"垂直"积累（蓄积）的，而信息不会形成这种垂直积累，它的存在特点就是流动。

**数字化带来的变化**

三个世界中能够被数字化的只有世界 3 中的知识和信息，物理世界和精神世界都不是数字化的作用对象（当然，物理世界中的许多人造物品可以嵌入人造数字产品中，也是数字化信息和知识的物理化）。信息和知识的数字化给世界带来了巨大变化，以至于我们把现在所处的时代称为数字时代，把与之相关的经济称为数字经济。

## 1. 数字与数字化

美国语言学家约瑟·哈罗德·格林伯格（Joseph Harold Greenberg）在研究欧亚语系的同根词时发现，其中有一组关于"手指"的通用词，格林伯格把它称为 tik，即竖起你的食指，你就做了普天下公认的"1"的手势。在此基础上，格林伯格谈到了关于这个古老词汇在各个语系中激荡的"回音"。在印欧语系中,语言学家已经找出了原始印欧词根 *deik，意指显示，由此引出拉丁语单词 digitus（手指）、希腊语单词 daktulos，以及英语单词 digit 和 digital。在阿尔泰语系中，表示"单独"或"唯一"的土耳其语单词是 tek。在韩—日—阿依努语系中，阿依努语是 tek，日语是 te，都指的是"手"。在爱斯基摩–阿留申语系中，格陵兰语的"食指"是 tikiq，斯瑞尼克语和阿拉斯加中部的皮尤克语的"食指"是 tekeq。格林伯格还尝试找出尼罗—撒哈拉语系、原始非亚语系、南亚语系等其他语系中表示"1"的语言中是否也有"t-k"。像在南亚语系中，柬埔寨语或高棉语中的"手"是 tai，越南语中的"手"是 tay。在美洲印第安语中有几个含有 tik 的词指的是"手指"和"单独"。语言学家认为,"格林伯格的 *tik 确实可能是远古时期大同世界传来的挥之不去的窃窃私语"。

从 digit 这个词开始，日本学者池田信夫谈到了 3 次数字化。他在《数码化与模块化》中谈到数码革命时提到，"'digit'一词本来是'手指'的意思，可以转义理解为扳手指的'数字'。即'数码化'是指用数字或'有限的数字序列'来表达信息。这并没有什么稀奇，从某种意义上说，这是人类认识事物时不可或缺的条件……语言、数字等符号系统是通过一维的数字序列的组合来表达复杂的意思或价值的，我们不妨把它叫作原始的（第0次）数码化。""现在所谓的数码革命的变化特征在于不仅能用数字序列来表达信息，而且能用电气的存储单元（比特）对信息进行机械处理。如果把它叫作'第一次数码化'，那么在此过程中将复杂的信息变换为简单的数字序列是需要花费（事先）成本的。通过这种方式将复杂的事物'抽象化'，简化处理手段从而能够提高（事后）处理的效率。"池田信夫把电子计算机的发展看作是第二次数码化，他说，"20世纪后半叶推动计算机发展的技术革新的本质就是数码信号不仅用来表达处理对象，而且也用来表达处理步骤，我们可以把它叫作'第二次数码化'……第一次、第二次的数码化（电脑化）是相辅相成的"。

从香农开始，数字化实际上就是指信息的二进制编码化（binary coded），这也被视为现代信息技术的起点。我们现在所说的数字化（或数字的，digital），是在二进制编码化的意义上说的，包括了池田信夫所说的"第一次数码化"和"第二次数码化"。

在数学领域，德国数学家和哲学家戈特弗里德·威廉·莱布尼茨（Gottfried Wilhelm Leibniz）被认为是二进制思想的开创者。1697年，莱布尼茨完成了《二进制算术》的草稿，于1703年发表了《二进制算术阐释——仅仅使用数字0和1兼论其用途及伏羲数字的意义》，阐述了用二进制进行算术运算的思想和方法，但这个研究在当时并没有实际用途，直到信息革命时才体现了其重要影响。此外，莱布尼茨还被认为是数理逻辑的先驱，即用数学计算的方法进行逻辑推理。

数字化给世界带来巨大改变，继之而来的网络化给人类社会化协作带来了重要影响，也成为当前数字经济最受关注的部分。

## 2. 数字化记录的信息和知识极大丰富

编码化是结构化的形态之一。如果说结构化的首要作用是通过逻辑思考增进理解和认知（对信息含义的处理），那么编码化的首要作用是通过符号实现对信息的表达、记录和传递（对信息符号的处理）。如果说把思想编码成语言主要是为了表达，那把语言编码成文字、文字编码成数字，都是为了记录（存储）和传递（通信）更加方便。

作为数字化信息度量单位的比特，是信息论之父香农于1948年在《通信的数学原理》中提出的——用二进制数字（binary digit，简称为比特，bit）作为度量信息量的最小单位，这是我们现在所说的数字化（二进制编码化）的来源。而早在1937年香农的硕士论文中就研究了基于二进制算术的逻辑电路，即池田信夫所说的"第一次数码化"的起源。香农的理论开创了现代数字通信。同时，在另一条路上的计算机先辈们也选择了二进制编码，图灵在1936年构想了基于二进制记号的数理逻辑计算机——图灵机，约翰·冯·诺依曼（John Von Neumann）于1945年提出了基于二进制的电子计算机设计方案，并在1952年的电子计算机EDVAC上得到了物理实现，开启了信息表示和信息处理的数字化（二进制编码化）进程。

二进制编码电子处理技术（数字技术或信息技术）的发展极大地提升了信息和知识的记录功能，数字化记录的信息和知识数量也迅速膨胀。按照数字印刷开创者班尼·兰达（Benny Landa）的说法，"凡是能够被数字化的，都将被数字化"。根据市场研究公司IDC 2011年所做的调查，全球的数字数据量每两年就翻一番。前些年就有人估计，人类95%以上的信息都已经以数字格式在存储、传输和使用了。有人曾于2016年提出，当时两年新增的信息量就等于或接近之前人类记录信息的总和。于是就有了信息超载的问题。

## 3. 数字化计算的结构化能力不断增强

记录只是编码的第一步，数字技术（或信息技术）并没有止步于信息记录，或者说信息技术的先辈们选择数字化编码本来就不是为了记录而记录，而是意在通信（以香农为代表）和（通过存储计算而）思考（以图灵为代表）。

数理逻辑的发展，尤其是布尔代数的发展，为通过将计算指令编成程序赋予编码（符号）以逻辑推理的功能奠定了理论基础，图灵构思了图灵机和能够思考的机器（能够通过图灵测试的机器）来进行逻辑推理。这也是池田信夫所说的"第二次数码化"的起源。编码是把信息的含义剥离出来表达语法，编程（程序）是处理语法的（逻辑）结构关系——对剥离了含义的信息进行结构化处理，由此提高信息和知识的结构化加工效率。二进制编码化（数字化）带来的信息革命及延续至今的信息化浪潮，不仅提高了信息记录的效率和通信的效率，而且通过逻辑计算（剥离信息的含义）提高了信息结构化处理效率。数字化编码不仅大大提升了数据记录能力、传送能力和数值计算能力，而且大大增进了信息和知识的结构化处理能力；不但使计算机具备了原本只是人类所擅长的这种（结构化）思考能力，而且通过计算能力的提升不断增强这种结构化能力。比如，工业设计软件、仿真软件就是把人们的积累和结构化的工业知识用软件的形式封装出来，把设计人员从图纸中解放出来，大大提升了工业设计能力，其外表是数字化的软件，而核心是结构化的工业知识。

随着通过计算机（网络）处理知识和信息越来越常态化，程序、算法在帮助人们对接收到的信息进行选择、反应中发挥的作用越来越大，数字化编码已从最初方便记录的工具发展为影响人们行为、甚至决定人们选择的结构化主体，也有了"软件定义一切""代码即法律"等说法。

当然，作为一种符号表示，数字化编码不可能独立存在，其快速发展与所依附的载体的发展密切相关，与信息、通信领域的各种材料、元器件、设备等硬件技术的持续创新交互促进。其中，软件在其中发挥着越来越主动的作用，像芯片的研发、生产过程也都由数字化的知识——软件来主导了。

## 4. 数字化通信网络改变人类社会

从人类精神世界到数字化的信息和知识世界，经历了3个主要的编码过程（思想到语言、语言到文字、文字到数字）。从进化过程来看，每次信息编码方式的变化（语言的出现、文字的出现、数字技术的出现）及相应载体的改变（声波、纸、电子信号和网络），不但会给人类个体的精神世界带来重要影响，进而还会给人类社会整体带来重大变化，历史上的共同表现是人类群体协作能力（无论是经济活动还是战争能力）得到显著提升，从而增强相对于其他生物群体的竞争优势。这一点是通过信息传递方式影响人类精神世界、提高群体意识能力和群体智能效率来实现的。

当然，在信息时代的社会影响因素中，由数字化带来的网络化信息传递方式对经济、社会的影响已经超过了数字化本身，尽管在广义上仍然可以说是数字化影响。比如，数字经济一词的提出者唐·塔普斯科特（Don Tapscott）在1995年的《数字经济》一书中就把数字经济描绘成网络化智能的经济，认为人们能凭借自己的能力（智能）通过互联网协作实现各自的价值。近年来，随着互联网的发展，电子商务、网课等把原本只能局限在区域内的生产和服务能力供给扩展到全球范围，实现了经济活动的组织创新。

数字化信息网络带来的社会协作方式创新与历史上语言、文字带来的群体专业分工合作愈发高效和精细的社会协作发展方向有所不同的是，互联网协作的典型表现是同质化生产或服务能力在空间和时间范围上的扩展（如分享经济、零工经济）；同时，这种同质化的生产或服务能力主要是基于个人能力或较简单的技术能力的供给主体，在较复杂的技术能力领域，仍然需要由专业化分工合作的企业组织形式来完成供给。

## 四 信息的含义及其回归

香农开创的信息论给世界带来了重大而真切的改变,以至于人们经常把香农信息量的定义当成是信息本身的定义,而把原本作为信息本质的"含义"忽略在"信息"一词之外。但随着信息超载等问题的出现,人们也在反思并重新重视信息的含义(或意义,meaning)问题。

### 1. 信息与含义的分离

当年,为了解决通信效率的问题(或实现通信工程的目的),香农开创了用统计学方法研究信息量的理论,特意把意义(含义)从信息中剥离出去——他说"这些消息往往都带有含义,也就是说,根据某种体系,它们指向或关联了特定的物理或概念实体。但通信的这些语义因素与其工程学问题无关,真正有意义的是由于实际的消息选自一个可能的消息集合,系统必须被设计成可以对每个可能的选择进行操作,而不是只对实际将被选择的那个消息进行操作,因为在设计系统时哪个消息会被选择是未知的"。因为这个理论基于统计学考虑,所以布尔金把香农创立的信息论称为统计信息论,如果对应语言的维度,也可称为语法信息论。数字技术其实就是语法信息处理技术。

香农的本意是在通信框架内研究信息问题,并且非常明确的是,他的理论只是研究信息的一个方面(通信理论),其后他的追随者把这个理论称为信息论,并因其对社会产生的重大影响而成为信息论的主流。其实,香农已经说得很清楚了,他研究的信息就是信息的语法符号,只是后人一厢情愿地以偏概全,把他所开创的信息概念作为信息的全部,而把信息的主角——语义排除在外了,这一或有心或无意之举导致太多世人产生了对信息的误解。布尔金对此批判道,"关于信息量的香农理论被后来的许多学者批评为仅是一个句法信息论,因为它排除了语义和语用层次。为了建立这样一个优雅高级的数学理论,所付出的代价是哈特利—香农方法一点儿都不涉及信息的许多重要方面，这就是为什么统计信息论被公正地认为对信息概念上的澄清缺乏指示。此外，发展统计信息论使之成为普适信息论的任何努力总是必然地走入一条死胡同"。

实际上，香农是把信息这个对象打开了，更进一步的是，他不仅仅是在哲学意义上打开了信息，更是在物理意义上实现了对信息的打开，把语法信息和语义信息分离开来。这就是香农的伟大之处。

## 2. 信息的含义

卡洛斯·格申森（Carlos Gershenson）强调了文本通信与包含在文本里的思想通信之间的差异，思想的交流涉及理解，而理解则建立在语义的基础之上。统计信息论致力于解决文本传输的技术问题，而语义信息论则关心思想的通信。

### （1）信息的三个维度

因为语言的作用就是用来表达信息，所以借用语言学的方法来分析信息成为自然而然的事情，一般是从语法（句法）、语义、语用这3个方面来分析信息，如图1-5所示。

图1-5　语言的三元结构

语法学研究符号之间的形式关系，信息的语法指信息的表示方面。

语义学研究符号与符号所指客观对象之间的关系，信息的语义指信息的含义方面。

语用学研究自然语言使用者传达言外之意或"弦外之音"的能力，或者信息发送者通过信息表达想实现的意图（故意含义或符号内涵），信息的语用指信息的作用（影响）方面。

布尔金提出，信息的三维结构源于三元世界的结构，语法映射结构世界里的关系，语义用来描绘物理世界（把接收到的信息与物理世界的事物联系起来），而语用则展示精神世界的意图。

### （2）对于信息含义的理解

布尔金说，"meaning"这个词本身有许多含义（经学者考证有23种含义），甚至在理论上也有多种方法来解释这个术语，并且没有被普遍接受的共识。按照语义信息论的理解，一条消息（如句子）会存在两个含义：一个是语义学含义，通信研究者用"信息含义（句子含义）"来表示（从布尔金对信息的定义来理解，这个含义是相对于信息接收者而言的）；另一个是语用学含义，用"通信含义"（或发送者含义、讲话者含义）来表示（即来自信息发送者的故意含义或符号内涵）。理解另一个发送者的故意含义的能力叫作语用能力。

也有学者提出，消息（语法符号）的字面含义也是一种对含义的理解。按照这个理解，一个通信就可能涉及3个不同的含义（和对应的信息侧面）：发送者的故意含义（和故意信息），接收者接收到或理解的含义（和接收到或理解的信息），消息的常规或字面含义（和常规信息）。这些含义和信息（如图1-6所示）之间存在复杂的相互影响。

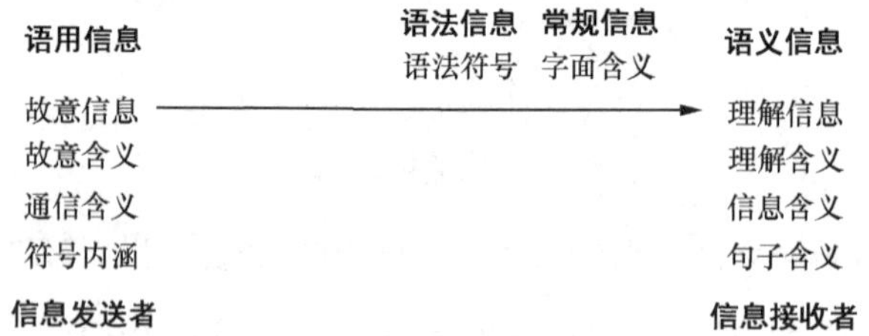

| 语用信息 | 语法信息 | 常规信息 | 语义信息 |
|---|---|---|---|
| 故意信息 | 语法符号 | 字面含义 | 理解信息 |
| 故意含义 | | | 理解含义 |
| 通信含义 | | | 信息含义 |
| 符号内涵 | | | 句子含义 |
| 信息发送者 | | | 信息接收者 |

图1-6 信息传送过程中的信息及其含义

### （3）从信息的三个维度对数字经济分类的理解

就像通信技术领域的信息学处理的是无关含义的统计信息（语法信息），信息技术领域的信息学实质上处理的也都是语法信息（或信息的语法），即无关含义的数据操作、存储、检索和计算等问题。所以，信息技术（IT）部门、电信（CT）部门（包括基础电信和数据中心等部分增值电信）经营的对象是语法信息（统计信息）；互联网信息服务业（与传统的媒体等文化产业类似）经营的对象是语义信息，或者说，是站在语用信息者的角度用统计信息的技术来经营语义信息。至于数字化的经济，或者说各行各业的数字化应用和转型，则是利用数字化的工具来处理各自的专业化知识，经营的对象仍然是各自的技术知识，数字化工具的作用是通过知识和信息的记录、传递以及计算方式的数字化改变来提高本领域的知识加工效率，原本技术知识中包含的语义与所用的数字化工具无关。

"数字的（digital）"可以理解为处理语法信息的，"数字化的（digitalized）"可以理解为用语法信息处理技术处理其他知识的。按照这个理解，狭义的数字经济即数字部门（digital sector），也就是语法信息产品和服务部门，广义的数字经济即数字化经济（digitalized economy），也就是用数字化工具处理各行各业的产品和运行知识。对照联合国贸易和发展会议《2019年数字经济报告》的分类，将数字经济由狭义到广义分为3层，核心部分是数字部门，中间一层是数字和信息技术部门，最广义的数字化部门是数字化经济（报告中引用的Bukht和Heeks的分类为：核心的数字（IT/ICT）部门[①]、狭义范围指数字服务平台经济、广义范围指数字化经济）。无论如何分类，中间一层都主要指依托现代信息网络、用语法信息技术处理语义信息的经济活动部分。

---

① ICT指信息通信技术。

### 3. 语义信息的含义

信息的含义一直在人们关于信息的经验认识之内，但关于语义信息的科学研究还有待进一步发展。从布尔金一般信息论的定义出发，实际上是把包括语义含义在内的信息概念定义在了接收者而不是发送者一侧。对于已离开信息发送者的信息而言，尤其对于被记录下来的信息和知识而言，更是如此。由此出发，语义信息论的学者对于语义信息的研究形成了一些基本认识。

（1）语义信息的含义与接收方（接收者/接收器）密切相关，或者说是由接收方来解释或定义，而不是由信息发送者定义。按照一般信息论的理解，定义信息的必要组成部分包括3个要素：载体、信息、接收者/接收器。如果没有载体与信息接收者的相互作用，就不存在明显的信息。比如，一个中国人用汉语给一个外国人打电话：如果这个外国人懂汉语，那么在统计信息学意义和语义信息学意义上，都发生了信息传递；如果这个外国人不懂汉语，那么在统计信息学意义上发生了信息传递，但在语义信息学意义上没有发生信息传递，就像人们常说的，知道不等于理解。

1968年法国思想家罗兰·巴特（Roland Barthes）的《作者之死》一文可以看作是从另一角度对此观点（更激烈）的阐释。他提出，在文学作品创作中，"一个文本的整体性不存在于起因之中，而存在于其目的性之中"，即作品的意义不在作者一边，而在读者一边。"读者的诞生应以作者的死亡为代价来换取"，由此有了"作者已死"的说法。这也是文学理论中"以作品为中心"区别于"以作者为中心"的地方——作品就是（文本）载体加信息，其存在的意义在于读者对文本中信息的解读。所谓读者（reader，就是信息接收者），也就是解读者（explainer）。作品创作完成后，作者也只是解读者之一。因此，解释权无论在哪儿，都是一项极其重要的权利。

对于许多人来说，有一个非常容易出现的错觉，即认为信息的含义和信息的符号总是相伴存在的，或者说认为语义信息和语法信息（符号）在同一时空共存、共生、共进，并因此推论，只要能够把语法信息（符号）表达出来，自然就可以得到语义信息（信息的含义）。尤其在尝试用语法信息处理技术来挖掘语义的路线上，这个错觉非常普遍。用语法信息处理技术来挖掘语义，不是不可以有所收获（如提高语义处理效率），但是并不能改变语法和语义从本质上仍然是两个不同时空的东西的宿命，语义的解读始终在接收者（如果是人，那就是人脑）的计算系统那里。这两个东西之间存在永远无法跨越的鸿沟，即便这条鸿沟看起来没那么宽，似乎也没那么深。比如，信息在传递的路上（包括被记录下来）时，就只有语法信息（符号），而没有语义信息（信息的含义不在路上）；语法信息（符号）到达人脑并被解读以后，才产生语义信息（信息的含义），除非人脑有愿望将这个含义再（通过语法信息）表达出来，因此，语法和语义并非在同一时空共同存在，而是以交互转换衔接的方式纠缠存在。就像《大话西游》中佛祖座前的油灯里那两棵永远纠缠在一起、但又永不相见的灯芯——青霞和紫霞，一个冷静、迅捷、理性、有逻辑，一个柔情、拖沓、感性、不知所谓（有点"二"）。或者说，含义永远是主观存在的，无主体解读便无含义；而符号是客观存在的，无主体也会有语法符号。从这个意义上说，香农的最大贡献也并不是发现了把语法和语义分离的方法，而是他意识到了这个分离存在的物理意义，并想到了把分离出语义之后的语法符号进行加速传送的物理方法。

（2）对于不同的接收者而言，同一条消息可能会有不同的含义。所谓"仁者见仁，智者见智"，或如莎士比亚所说，"一千个人眼中有一千个哈姆雷特"。对于同一个接收者而言，同一条消息也可能有不同的含义，依赖于用什么逻辑来解释含义（或者说由什么样的算法来处理信息）。比如，读文学作品或看新闻时，过度解读或解读不足的现象都可能出现。心理学的实验表明，感觉输入所包含的信息不足以解释我们的知觉。知觉是用来接收信息并进行解释的，而其解释功能往往以"所知引导所见"，即参照已知信息来理解新信息（类似于现在常说的"自行脑补"）。

语义信息也许还能为另一个疑惑提供一个解释角度。在如今信息量极大丰富（两年产生的信息量是此前人类信息量的总和且每两年信息量翻一番）的同时，人们似乎并没有感到不确定性的减少，反而感到在某些方面甚至是全球面临的不确定性在加剧。那么，该如何理解哈特利和香农定义的信息呢？或者能够通过这个定义来解释这个疑惑吗？也许通过对数理空间的附加定义可以在数学上进行解释（需要请教数学家）。如果加上语义信息的维度，则完全可以解释这个现象，因为哈特利和香农定义的信息完全把经人脑解释的信息含义排除在外，而现实社会中的信息以语义为核心，同一条信息在不同的人脑中会得到不同的语义，甚至在同一人脑中也会得到不同的语义。语法信息意义上的不确定性减少并不意味着语义信息意义上的不确定性减少。这样来看，哈特利和香农的信息定义就是一个在语法信息意义上的定义。

（3）信息的含义与信息接收者的认知结构和先验知识有关。认知结构的差异根源于物理差异，就像脑科学研究发现每个人的脑连接方式（脑纹）都是完全不同的，用脑纹来识别和区别个体差异比用指纹更准确，即没有两个大脑完全相同。关于先验知识的差异，就像我国传染病学专家张文宏医生在回应媒体关于新冠肺炎疫情有关问题时说的那样："我跟你讲你一定听不懂，因为我们读的书不一样（你和我的先验知识不同），我讲的每一个汉字你都能听明白（你能接收到统计信息论意义上的信息，或字面含义），但不会知道是什么意思（接收到或知道信息不等于理解或懂得信息的含义，即接收不到语义信息）。"所以，读书读的是意思（含义），而不是读字（语法符号）。这个命题反过来的现象就是，如今互联网上有大量的信息和知识（其中有很多不同表达、分歧甚至相互矛盾）以及所谓的事实（其实也是记录信息），如果一个人没有足够的先验知识，即使接收到再多信息，可能也无法做出判断和选择，甚至形成"没有人比我更懂"的自我认识。在这一点上，人们往往会高估自己的认知能力和以往的学习努力程度。

（4）从信息发送者来看，发送一条语用信息能否达到期望的效果，取决于是否能够了解并对应上接收者的认知结构和先验知识。毕竟没有两个人的大脑和获得的先验知识完全一样。所以,"人生得一知己足矣"不仅仅是情感表达,也是客观现实。就像米兰·昆德拉(Milan Kundera)在《不能承受的生命之轻》中所写,"他们完全明白彼此所说的话语在逻辑上的意思,却听不到话语间流淌着的那条语义之河的低声密语"。

(5)信息的真假是语义信息论意义上的命题,而不是统计信息论意义上的命题(研究符号的统计信息论不涉及信息真假的问题)。因为每个人的先验知识和认知结构不同,所以同一条信息,对于某些人来说为真,对于其他人来说可能为假。就像本书中提到的观点,也仍然存在很多争论。比如,在以追求真理为目标的科学领域,一个命题(科学假说、定理)在某些时候为真,过了一段时间就可能为假,这是波普尔揭示的可证伪的科学原则,因为随着人们获得新的观察信息,其认知会发生改变,因而会改变对原来命题的理解,所以说实践是检验真理的唯一标准。而在以往知识和信息世界重要组成部分的历史记录方面,波普尔认为,历史根本不存在,存在的只是对历史的解读。借用现代科学研究认识论的观点可以理解为,人们对信息真假的认定是个统计结果,即人们在多大概率上(或在一定时间范围内有多少人)取得共识,在某种情况下多数人认为当时是真的信息就为真(如司法实践中的盖然性原则、区块链中的共识机制)。按照波普尔的观点,在科学研究中,即便是这种说法也显得过于绝对——"我从不认为理论能借助'已证实'的结论的力量被确定为'真的',即使仅仅是'概然的'理论"。当然,人们也为自己留了一条退路——"真理往往掌握在少数人手里"。

哲学家们一般用"信念(belief)"来解释"真假"问题,即"我就是相信这个说法是真的,我有我的理由,就算没理由也没关系"。布尔金说,"信念按与知识相同的结构化方式被结构化,与知识不同的是,它们没有被充分验证",D.J.贝姆(D.J.Bem)说,"信念和态度在人类事务中起着重要作用,当制订公共政策时,关于信念和态度的看法甚至能起到更为关键的作用"。比如,在戴口罩是否会保护自己、减小受病毒感染可能性这个问题上，西方很多人就执着地认为戴口罩没有帮助，而无视很多医护人员通过戴口罩保护了自己的明显事实。原经济学会主席青木昌彦在对博弈论和新制度经济学的研究中提出了"共同信念（common belief）"的概念来解释制度的形成，多个思想主体要想组织成为有效运转的社会群体，共同信念这种有某种约束力（或主动妥协，或作为长期重复博弈的结果）的共识是不可或缺的纽带。

（6）布尔金说，雅各布·马尔沙克（Jacob Marschak）创始的信息经济学发展了面向经济学的语用信息论。现在大家更熟悉的信息经济学是指非对称信息博弈论在经济学上的应用，从作为其核心工具的博弈论开始，到委托—代理理论、机制设计理论、道德风险、逆向选择等一系列信息经济学模型，从研究博弈论的约翰·纳什（John Nash）、莱因哈德·泽尔腾（Reinhard Selten）、约翰·C.海萨尼（John C.Harsanyi）到从旧车市场模型提出信息不对称的乔治·A.阿克劳夫（George A.Akerlof），以及詹姆斯·莫里斯（James Mirrlees）、青木昌彦（如上面所谈到的共同信念理论）等经济学家，其实都是在语义信息的意义上讨论问题，无论是完全信息还是不完全信息、完美信息还是不完美信息，或者对某个信息的（共同）理解、（共同）信念、（共同）预期，其中讨论的信息对象都是作为信息接收者的人（尽管也用过智猪博弈模型）对信息含义的理解，因而本质上都是语义信息的意思，和语法信息（符号）没有关系。在数字技术产生重大社会影响之前，语法信息与语义信息分离的影响不太突出，语法意义上的信息不对称与语义意义上的信息不对称之间的区别也并没有引起人们的注意。但随着数字技术的广泛应用，两者的区别已经非常明显了，所以在理解上也出现了一些困惑。而现在以数字经济为主题的研究更多是在研究经济绩效表现，或者说是在研究语法信息处理技术（数字技术）给经济效率和绩效带来的影响。比如机器与机器之间的通信效率已经极大地提高了，如果从香农定义的信息（剥离了语义）的角度来看，（机器与机器之间的）信息不对称早就不存在了，因为香农的目标就是实现某一点的信息在另一点的完美再现,这个目标在通信界早就实现了,这也是现代通信业存在的意义,所以语法意义上的(机器与机器之间的)信息不对称应该是不存在的。但很显然,我们感到,信息不对称问题依然存在,从香农定义的信息角度无法解释清楚。因而,数字经济和信息经济学讨论的根本不是一回事。这也是现在两个研究方向之间总有点找不到感觉的原因。其实就是双方都误解了信息的含义,一方把语义信息当成了信息的全部,另一方把语法信息当成了信息的全部。

更合理的解释是,ICT 的发展缓解了人与人之间语法信息的不对称(机器与机器的通信效率大大提高了),但语义信息的不对称会永远存在(不同的人对同一信息总会有不同的理解)。道理很简单,原来两个人面对面交流都有语义上的信息不对称,现在在中间加上两台机器来帮忙(通信)(见图 1-7),难道就能消除语义上的信息不对称了吗?青木昌彦认为,ICT 的发展不仅没有降低反而增加了暗默知识的相对价值,其实说的就是这个问题(青木昌彦的意思是 ICT 的发展加深了某种信息不对称的程度,他指的当然不是语法信息或字面信息的不对称,而是指暗默知识的不对称。因为 ICT 肯定能帮助人们更方便地获得更多语法信息/符号,所以从语义信息意义上看青木昌彦所说的"暗默知识价值增加"的观点就很容易理解了(在信息超载的环境中,不同的人处理语义信息的能力可能会有很大的差异)。从这里也能推断出向青木昌彦提这个问题的人就是怀有这种误解的一个典型代表。正因为这个误解,才有了这个问题。因为这个问题十几年来我也问过自己无数遍。正因为对这个误解没有澄清(语法信息和语义信息的分离),也才有了青木昌彦的回答。我相信,如果没有这个澄清,人们对青木昌彦的回答仍然未必有清楚的理解。我想,这个澄清应该是对信息经济学的一个贡献。关于这个误解,要算账,可能还得算在"统计信息论把剥离了语义的信息当成信息的全部"这件事上。这本身就是一个信息不对称的大乌龙。

此外,从青木昌彦的回答也能得出一个推论:ICT 的发展会缓解语法信息不对称的程度,但会加深语义信息不对称的程度。

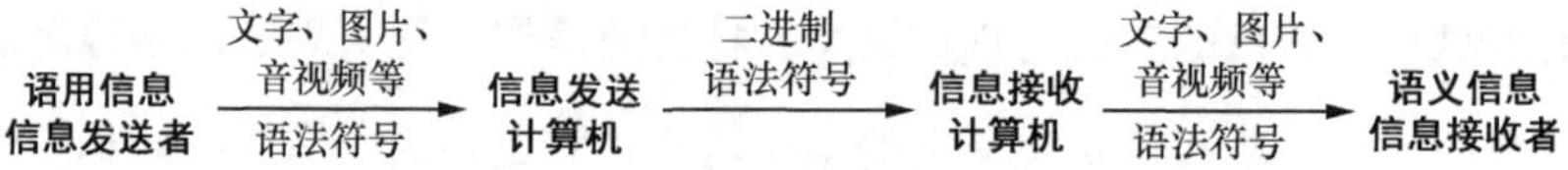

分析信息  香农、维特根斯坦、图灵和乔姆斯基对信息的两次分离

图1-7 人—机器—机器—人的信息传送过程

## 4. 含义的回归

在香农把含义从信息中剥离出去的多年之后，法国哲学家让－皮埃尔·迪皮伊（Jean-Pierre Dupuy）说，"我们仿佛拥有了关于这个世界的越来越多的信息，但这个世界在我们看来却越来越缺乏意义（1980年）"，"不可避免地，意义将顽强回归（2000年）"。

这些说法不免让人想起受香农信息论启发而创立转换—生成语法的语言学家艾弗拉姆·诺姆·乔姆斯基（Avram Noam Chomsky），在其1956年的开创性论文《语言描写的三个模型》及阐释该论文的《句法结构》一书中，他像香农一样先把语言的"意义"研究排除在句法研究之外，并取得了巨大成功，句法结构对语言学研究产生了巨大影响（乔姆斯基被称为"想成为研究思维体的牛顿"），也是现在人工智能重要方向——自然语言处理的理论来源。乔姆斯基在其后40多年间再逐渐把语义加回到对语言结构的研究当中。不过，这种先拆开再组装的道路并不好走，信息含义的回归也并不容易。

（1）从信息接收者来看，消息（或信号、载体）的送达、信息（或信息外壳、符号）的接收（或解码）、含义（内容）的理解（或解释）是3个不同的过程。前两个过程已经在现代通信技术、信息技术的帮助下大大提高了效率，相比之下，现代技术对信息接收者理解（解释）含义的效率提高作用相对不大，这个理解（解释）过程就是认知心理学所说的信息加工过程，或者说信息结构化的过程。从根本而言，这受限于人的认知能力的进化（从大脑容量的进化推断人类认知能力可能已接近极限），而现在还没有发明出来能够迅速提升人类认知效率的辅助工具。这个矛盾也是信息超载给人们带来困扰的根本原因。

（2）在信息获取非常方便的今天，语法信息不对称的问题已经得到大大缓解（对信息字面含义的"知道"水平会接近），但语义信息不对称的问题在人与人之间会永远存在（对信息含义"理解"的差异不一定会接近）。这个现象不仅仅存在于前面所举的专业知识差异的例子中，在常识范围内也广泛存在，如新冠肺炎疫情防控期间，因观点不同而在朋友圈反目的现象大量发生，即便多年的老朋友也会发现难以相互理解。除了认知结构和先验知识以外，语用环境的差异可能也是一个常见但经常被忽视的影响因素。相对而言，存储程序的计算机更容易做到这种语义信息传递的完整和准确，因而机器智能的群体协作，比人类的网络化协作应当更有效率。

（3）在"信息的意义强行回归"时，人们还没有找到能够指导解决这个问题的理论和根本方法。虽然人们认识到研究语义信息的重要性，但语义信息理论研究的进展却不大，根本原因是对含义的理解与心理因素密切相关（这也是香农特意把含义排除在（统计）信息论研究之外的主要原因）。在语义信息研究领域也没有香农式的人物出现，耶霍舒亚·巴希勒（Yehoshua Bar-Hillel）、保罗·鲁道夫·卡尔纳普（Paul Rudolf Carnap）、卡尔洛·雅各·尤哈尼·辛提卡（Kaarlo Jaakko Juhani Hintikka）和其他一些学者发展了一些语义信息理论，其中不少借鉴了统计信息论的思想和方法，但都对解决实际问题没有太大帮助，没能得到广泛接受，与统计信息论的影响完全不在一个量级上。

（4）雷·索洛莫诺夫（Ray Solomonolf，研究归纳学习）、安德烈·N.柯尔莫哥洛夫（Andrey N.Kolmogorov，研究概率和信息基础问题）和格雷戈里·约翰·蔡廷（Gregory John Chaitin，研究计算复杂度）通过各自的研究，发展了用来测度信息复杂尺度的算法信息论。一个二进制符号串的算法复杂度度量了其中的信息量，字符串的算法复杂度（也常被称为柯氏复杂度）越高，这个字符串的信息容量就越大。这个理论认为信息的复杂度与产生、提取和使用这个信息的算法（可以是人，也可以是计算系统）有关，一个具有更强大算法的系统（或人）能够从同样的符号串中提取到更多信息。蔡廷的同事查尔斯·亨勒·本内特（Charles Henle Bennett）提出了"逻辑深度"的概念来衡量信息的价值。这些理论仍然是研究信息"是多少"而不是"是什么"的问题，但它研究的是信息"有多（少）复杂（度）"，进而接近"信息有多少价值或用处"的问题，而不是像统计信息论关心信息"有多少比特"的问题。看起来我们距离语义问题又近了一步，但依旧很远，因为还不是从语义或经济角度对信息价值的衡量，布尔金将之归为语用维度的信息论。这个研究是迄今为止语法信息理论与语义信息理论距离最近的一个理论。

（5）语言学、心理学、信息技术等领域在提高人机理解界面效率方面不断进行探索。与乔姆斯基一起开拓了认知科学的心理学家乔治·A. 米勒（George A.Miller）与同事一起创建了词网（WordNet），语义网络、语义网、知识库、知识图谱、语义精准搜索等技术也在不断发展，仍然是用统计信息论的思路和技术来处理语义信息问题，用过滤（精简）信息接收数量的方法来提高信息（含义）的接收效率，这一方向和人工智能的研究交汇在一起。

（6）探索把语义加回到其开创的句法结构的乔姆斯基对建立普遍语义学的可能性却持怀疑态度。他说："是否可能建立一门普遍语义学，对每一个词项的每条意思都作完整、精确的表达，并提出一些规则，确定这些词项组成的词语的意义？我认为有充分的理由对这项工作表示怀疑。其他认知系统，尤其是由对世界上的事物及行为的信念构成的系统，以极其复杂的方式与我们对语义做出的判断交织在一起。能不能设法在原则上把这些成分与通常所说的、甚至在专门研究中提到的所谓'词语的意思'分开，我们并不清楚。我相信不可能把语义表达式和人们对世界的认知分开。"由此可见，像香农一样，乔姆斯基也把他开创的语法模型的边界和语义存在的内在难题说得很清楚了，他把人工智能领域相关的自然语言处理叫作"统计语言模型"，并表示其可能有工程意义上的成功，但与科学无关。不过，跟在他后面的人也像跟在香农后面的人一样，有意无意地模糊了乔姆斯基的观点，把统计语言模型（实际上是统计共识意义上的语法模型）当成了语言的全部。

必须再次明确的是，我们无法在统计信息或语法信息里找到信息的含义，含义不在信息传递（通信，包括记录）的路上，含义在每个信息接收者的算法里。对于人们来说，有个错觉必须澄清：机器的算法和你的算法在物理上是两个完全不同的东西，别看计算机、智能手机或其他智能助手近在咫尺，但就算把它们吞进肚子里，你也得不到由它们的算法计算出的含义，信息对于你的含义只能通过你自己的大脑计算才能获得。

（7）信息含义的回归隐含了（包括但不限于）以下 3 个问题。一是（语义）信息不对称的现象是永恒存在的，网络化的人类智能（市场化）协作可能只在不太复杂的任务（对于信息的字面含义容易达成共识的任务，或容易定量衡量其共识度的任务）上实现。复杂的任务则对应青木昌彦所说的观点，仍然需要由紧密协作的组织来完成。二是如何在信息超载的数字信息世界里更有效地建立起有意义的信息连接（以实现所期望的含义传递）。三是如何从接收到的信息中挖掘出更有用的语义信息，需要积累哪些认知能力和先验知识。

当年香农不但在哲学上，而且在物理上成功地把信息的"意义"分离了出去。现在，虽然人们在哲学上意识到了信息含义回归的问题，但在物理上并没有找到回归的路径，也许在物理上根本就实现不了。在我们感慨香农的伟大之时，可能也应该意识到，这或许也是人的不幸之处。

## 五 信息的含义如何实现

虽然计算机已成为人们处理信息和知识的强大助手，但计算机只是处理信息含义的一个中间节点（即计算机也是一种信息接收者，信息对计算机而言也会产生存储、处理等指令含义），信息和知识的最终使用者还是人。所以，信息对人的(语用)和(语义)含义影响仍是我们关注的落脚点。从语用角度来看,信息发送者的主要目标有3个:提供信息(告知)、娱乐或劝服,即给信息接收者带来知识(影响认知)、娱乐(影响情绪)或调节其行为(影响行为)。在语义和语用信息论不能提供更多帮助前,需要借鉴一些心理学的认识。

## 1. 人脑信息处理系统

从信息的含义来考虑,一般把认知信息作为最主要的关注点,因为这是对理解含义来说最主要的问题。一般信息论认为,除了认知以外,信息接收者的情绪也是影响信息含义处理的重要因素。

就像人们常说的"要想改造自然,先要认识自然",要想影响大脑,先要了解大脑。布尔金借用保罗·麦克莱恩(Paul Maclean)建立的三位一体脑理论(尽管其结构划分在生理学上有争议,但在心理学研究中可基本被接受),提出了将人脑划分为3个信息处理系统的模型,如图1-8所示。

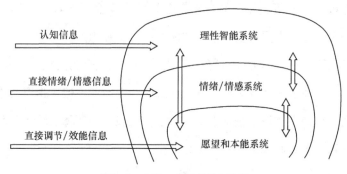

图1-8 三位一体脑的信息功能

这3个系统不仅会分别接收外部信息,相互之间也会发生信息交换,即人的思想(理性认知、推理)、情绪(情感)、愿望(本能)和行为之间会相互影响,如图1-9所示。

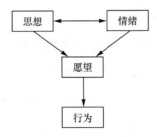

图1-9 人格组分的相互作用

（1）愿望和本能系统对应神经系统中后脑（包括脊髓）部分的功能（麦克莱恩称为爬虫类脑），处理原始感觉、运动等功能，即动作和行为执行，如条件反射、下意识（即不经思考的）活动等。人的所有行动指令都由愿望和本能系统产生，来自理性认知系统的想法或来自情绪情感系统的意图都必须转化为愿望才可能促成行动。

能够直接对愿望和本能系统产生影响的信息称为直接调节/效能信息。在人类社会中，一些不包含认知内容的心理（行动）调节暗示可以看作是直接效能信息的例子。而像条件反射中产生的一过性生物电信号，不产生经大脑理性系统处理所获得的"含义"，所以这种调节信息及本能系统应该被划作物理世界的组成部分，而非精神世界的组成部分。

（2）情绪/情感系统大体对应人类大脑进化出的第二个系统——边缘系统（麦克莱恩称为古哺乳类脑），主要用来处理情绪/情感信息。情绪/情感系统和理性认知系统可以看作是人类精神世界的两个主要部分。直接影响这个系统的信息称为直接情绪/情感信息。

理性智能系统和情绪系统相互影响。一方面，心理学研究表明，情绪信息对于智能发展非常重要，有情绪智能一说；另一方面，值得注意的是，认知信息可经过理性智能系统转化为直接情绪信息进入情绪系统，再由情绪系统转化为直接效能信息进入愿望和本能系统，形成愿望，最后达成行为。"信念（belief）"可以看作是夹带了情绪的认知，信念的比较级（或最高级）就是信仰（faith）。当然，信仰也可以看作是夹带了认知的情绪。

有学者把与情绪有关的认知信息称为认知情绪信息，这类信息非常重要，会对认知和情绪两个方面产生影响。直接情绪信息不同于认知情绪信息，一个消息可能没有认知含义，但情绪含义非常丰富。认知情绪信息和直接情绪信息在人类社会中都广泛存在，比如《乌合之众：大众心理研究》一书中揭示的大众心理受影响过程中经常出现的那些现象，很多是受到直接情绪信息的影响。另外，新冠肺炎疫情防控期间，许多国家的人们抢购卫生纸的行为也可以用情绪化决策来理解。

（3）培根说，上帝创造出来的第一件东西就是感觉之光，而创造出来的最后一件东西才是理性之光。理性智能系统对应新大脑皮质（麦克莱恩称为新哺乳脑），占大脑质量的85%，主要负责接收和处理各种感官发来的外部环境信息，形成知觉和认知功能，通过逻辑和算法处理各种信息，形成创造和智力功能。大脑左半球完成逻辑和分析功能，使用符号信息做运算，在意识层次上按序列进行单步推理；右半球处理图像并实现知觉、创造和综合功能，在意识层次上以并行的方式工作。理性智能系统是人区别于其他生物所在，是人类智能的核心与标志。

尽管生理学、心理学等已经对大脑理性认知过程进行了很多研究，但受限于人类自身的认知能力，对于理性智能系统的构成和运行细节仍不是十分清楚。直接影响理性智能系统的信息是认知信息，认知信息是知识变化的源泉。理性智能系统和认知信息也是研究信息、知识等问题时的重要关注点。

如果对照世界3的DIK金字塔，也可以把三位一体脑描绘成世界2（人类精神世界）的金字塔结构，如图1-10所示。其中，与知识和信息世界相关度最大的是智能层，情绪层也与信息有密切关系。本能（愿望）层则属于较低级的执行系统，在人类精神世界中不是关注的重点，但在涉及机器的活动，尤其是赛博物理系统中，与机器行为（活动或执行）直接相关的这一层是重要组成部分。

图1-10 本能—情绪—智能金字塔

## 2.情绪的回归

从培根提出人类解释自然的知识和改变自然的权力开始,到波普尔论述科学发现的逻辑之时,科学哲学领域的学者明确了在科学研究中应当尽量排除心理因素(其中更多含义是排除情绪因素)的观点,以使科学研究尽可能在理性的情况下进行。众多科学家在科学研究中都遵循这一原则,香农创立信息论时对排除的心理因素有所扩展,他甚至把人的认知心理因素也排除在外了,这与他的研究对象本身——信息有关。

但实践发现,人类理性认知的获得和知识的积累不仅是理性智能系统运行的结果,也受到情绪系统的影响。相比之下,人工智能没有情绪因素的影响,因而在知识的构建上比人类更"纯粹",也会得到与人类不尽相同的结果。1998年,马文·李·明斯基(Marvin Lee Minsky)指出,情绪只是不同的思考方式,真正的智能计算机需要有情绪,如果没有情绪,机器不可能达到人类智能。1997年,罗萨琳德·皮卡德(Rosalind Picard)提出情感计算(affective computing)用来处理情绪的符号表示,现已成为一个新兴研究领域,并与人机交互、语音识别等技术发生交汇。

有学者提出,理性(认知)的作用是帮助人们做出决定(决策),而情绪是帮助人们确定立场。但人们还远没有搞清楚两者之间的复杂关系,而且这种"理论上的理性"决策假说也受到广泛质疑。诺贝尔经济学奖和图灵奖得主赫伯特·亚历山大·西蒙(Herbert Alexander Simon)提出"有限理性"的概念,认为受人们所能加工的信息数量具有认知局限性影响,决策过程中的理性是有限的。有学者注意到，随着互联网带来的信息环境的变化，认为消费者在决策时采用针对特定目标和情境的"实用理性"的观点可能也不准确，可能人们还没有完全具备适应新环境的学习能力。在快速变化的数字化信息环境中，直觉和情绪化决策可能在很多互联网行为（包括经济行为）中发挥更重要的作用。

通过计算机之间的网络通信促进知识交流、增进人们的理性认知，曾是互联网创立者的理想，但是互联网普及后的社会现实却是大量情绪信息（或者说，能够或试图影响情绪的信息）充斥在网络空间里，稀释了认知信息。有倾向（或立场）的意见很大程度上是情绪的反映，群体意见（public opinion）则成为舆论。如培根所说，凡是建筑在自然上的东西都会生长和增加，凡是建筑在意见上的东西则只有变化而没有增加。作为认识自然和改造自然的科学知识和技术知识可以在先验知识的基础上不断垂直积累和增加，情绪只会随所接收到的情绪信息的影响发生变化，就如同信息只有流动、知识才能蓄积。情绪和情绪信息怎样才能更好地为人类自身带来益处，还需要探索。

对于身处数字化信息世界中的人们而言，周边的情绪信息不可避免地增加到一个新的水平。如同含义之于信息的回归一样，情绪因素和情绪信息也不可避免地需要回归——无论在社会生活、经济决策，甚至在科学研究和技术活动中——和理性认知共同发挥作用。关于这一点，还需要进一步研究。

### 3. 影响信息含义获取的方法

信息发送者为了达成告知、娱乐和劝服接收者的通信目标，往往从接收者的心理角度来考虑如何影响接收者对信息含义的获取。

#### （1）捕获接收者的注意

认知心理学认为，注意是大脑过滤信息的一种工作机制，其作用是避免我们被过量的信息淹没。在面临大量外部信息的时候，注意会选择某些信息使其获得被进一步加工的可能,同时抑制其他信息使其无法获得被深入加工的可能,即注意体现的是输入信息之间的竞争。

从信息发送者一侧来看,在信息超载的环境中,接收者的注意力就成为决定信息竞争成败的首个瓶颈环节。因此,采取各种各样的方式争夺接收者的注意力成为互联网信息业的首要竞争法则。能够捕获接收者注意的竞争者,才能进入下一环节。

### (2)寻求共识或共情

要想使接收者获取到信息含义,要么发送能影响其理性智能系统的认知信息,要么发送能影响其情绪系统的情绪信息。不同的人可能有相同的心理,在语义信息论里称这种现象为心理等价,可以理解为对于信息含义的共同理解。如果能达到对于信息含义的共同理解,则发送者和接收者之间就能够建立起关于信息含义的通信关系,进而可能实现告知、娱乐或劝服的通信目标。

对于信息含义的共同理解,在认知信息方面是基于先验知识取得的共识,在情绪信息方面则是来自某种记忆或潜意识中的东西,人们目前还没有弄清楚,就像《不能承受的生命之轻》中所描写的与他人分享情感的情感想象力或情感的心灵感应艺术,也许可以称之为共情(神入,empathy)。

应当说,完全的共识在人与人之间是不存在的(人生难得一知己),这只是理论上的最高程度,其原因之前已经讲过,每个人的大脑和先验知识都不一样,大家的算法不同。同样,完全共情也是不存在的(千古知音最难觅),也只是理论上的最高程度。

从信息发送者一侧来说,要想在信息超载的竞争中获胜,就要向目标接收者发送具有某种共识度或共情度的信息。从语用目的出发,共情度或共识度并不一定越大越好,就像作画时要"留白",可以用"逻辑深度"的思想来解释。

语义网络、语义网、知识图谱、语义精准搜索等方法,是在假设群体对信息字面含义产生共识的基础上,用语法信息技术来解决问题的方法,并且假设主要问题是因为人机之间的通信带宽（人的注意力过滤机制造成的）不足。既然通信带宽无法提高，那就想办法精简信息量。

利用人群的统计情绪状态，制造虚构信息来影响情绪是更常见的经验做法。自有语言和文字以来，虚构信息就从未断绝。如培根所说，诗人说谎，是因为谎言能带来愉快，商人说谎，是因为谎言能带来利益，而人们却是为了说谎而说谎。其中的动机来自记录（和表达）信息的主体（以及媒体、中介等掌握信息传播渠道的主体）自己的目的，主要是为了影响信息接收者——其中以影响情绪为主，这样的信息对认知没有什么帮助。就像新冠肺炎疫情防控期间，假新闻（fake news）之声不绝于网。

### （3）了解信息接收者

要想达到与信息接收者在某种程度上的共识或共情，需要先了解接收者的先验知识构成，猜测接收者的认知结构或情绪状态，所以广泛收集信息使用者（潜在的信息接收者）的相关信息成为互联网信息服务业，甚至扩展到其他许多行业的另一个竞争法则。用户画像、精准推送，都是在对信息使用者信息收集基础上的结果。

人们浏览、搜索、过滤的信息成为信息发送者及信息中介（尤其是信息平台）观察、探测用户认知和情绪的原料，在大量信息汇集的情况下，有可能还原出信息使用者的多维，甚至全息特征。人们从主动观察、寻找（搜索）信息的自由主体正在不知不觉中转变为被（动）观察、被（动）搜索的客体对象。看似人们发现信息的效率提高了，但信息获取的独立维度（或正交度）却被大大压缩了，甚至被锁定在某个维度的一个方向上。

##  三元世界的变化

我们再回到三元世界来看，数字化带来的最大变化就是数字化信息和知识世界的快速膨胀。

## 1. 数字化信息世界快速膨胀

知识和信息记录工具的变化极大地改变了信息和知识世界的面貌。人类在口语时代，除了口口相传的一些传说（如经游吟诗人之口），少有记录下的知识和信息。

有文字以来，文字记录者成为一个专门的社会分工门类，从记账者到史官、方志编撰者等，开始记录下一些信息；思想文化逐渐兴盛后，思想家、文学家、艺术家、宗教人士也成为知识记录的主要群体；印刷术的出现极大地促进了记录知识的复制和传播；文艺复兴后科学知识的迅猛发展和继之而来的工业革命，极大地促进了科学知识的记录，成为人类知识快速发展的第三个高峰期，知识世界快速膨胀。但当时知识和信息的记录仍然只是在全部人口中占很小比例的人群的专门工作。

电子时代促进了自动记录工具的出现和普及（摄像机、传感器等）。数字技术取得飞速发展后，尤其是互联网产生以来，普罗大众获得了广泛、便捷、快速记录信息的能力，记录权从特权的圣坛上跌落，即使目不识丁，也可以用手机摄录很多图片、视频上传到网络，人类记录的信息量呈指数级增长，数字技术完全征服了所有现存的媒介技术而成为主要的信息传递技术。此外，传感器、物联网的广泛部署也极大地扩展了机器自动采集记录数据的数量。无论是有人操作，还是无人操作，数字化信息已经形成了高频率、无间断，甚至多角度（多主体、多维度）记录的状态，数字化信息记录更新的速度从"日新月异"提升到"秒新分异"。从信息增长的量级和速度来看，数字化信息世界正在并将继续极大和快速地膨胀。格林伯格发现的那个"传自远古大同世界的窃窃私语"现在发出了异常磅礴的"回声"。

在这个过程中，急剧膨胀的主要是数字化记录下来的信息，而不再是文字记录时代的主角——经过人类精神世界精炼过、结构化过的知识,在记录的数量上,信息取得了对知识的压倒性优势。这应该是将知识作为世界 3 关注重点的波普尔所没有料到的,而这一切都源于符号表达的数字化。波普尔的三元世界现在可以改为如图 1-11 所示的数字化三元世界,其中的世界 3 现在应该被称为"数字化信息和知识世界",虽然还是世界 3,但与波普尔所说的知识和信息世界相比,已经是完全不同的含义。在某种程度上,16 世纪培根提出的"知识就是力量"的论断正在扩展为"信息就是力量"(虽然并不意味着知识的权力被削减,但无疑已被信息的力量分享了)。

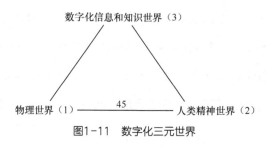

图 1-11　数字化三元世界

## 2. 数字化信息世界动态化

数字化信息记录工具的变化改变了世界呈现的模样。互联网和物联网的出现促进知识和信息世界从零散、非连续、书面的状态向整体、连续、实时的状态转化,正在勾画出一个越来越完整、精确、动态的知识和信息世界。比如,通过众多网约车实时位置的上传,数十秒就可以汇聚形成精确的城市动态地图和交通状况,传神地喻示了数字化信息世界的形成过程。

从书面记录的知识和信息世界到现代信息网络上的知识和信息世界,恰似人们在一幅画布上涂画的若干静态的字句和图样变成了荧屏上色彩斑斓的动态图景(也有人认为是镜子中的动态映射,但实际上在互联网的动态图景背后仍有并未完全显露出来的含义,其中既有经过人类精神世界加工的含义,也可能有自动记录下来的信息隐含着的物理世界的秘密,就像《不能承受的生命之轻》中提及的

"画布背后的东西",所以也许将其比喻为荧屏上的动态图景更为合适),而且荧屏上的动态图景正在逐渐立体化和高维化,好像正在形成汪洋般的数字化信息世界。

### 3. 数字化信息的流变

如果说语法是信息的躯壳,那么语义就是信息的灵魂。数字化世界中语法和语义相互分离,语法可以自由流动,语义却要各自归依。"躯壳跑得太快,灵魂来不及安放。"同时,在网络上流动的语法信息躯壳(数据)不断发生变化,其无限低成本复制的特性既带来了许多汇集和关联,也带来了像凯文·凯利(Kevin Kelly)所说的"重混(remixing)",可能还有其他未观察到的变化正在发生。我们暂且把这种信息流动中发生的变化称为"流变"(与力学中的"流变"一词无关)。

流变的结果是原本无含义(或有某种含义)的数据/信息可能变为有含义(或其他含义)的信息。比如网约车的地理位置信息流变为城市地图,比如AI"换脸"将原来的形象换成不同的形象。流变最大的意义可能就在于能够无中生有,而无中生有原本是人类精神世界的专有权力。(某种意义上,人类社会的形成就是这种无中生有的结果,组织、宗教、金钱、文学、艺术,甚至科学,都是无中生有、虚构信息的结果,人们就是基于对这些虚构信息的共同信念(common belief)才组成了人类社会。这也是人们对AI万一获得意识后的最大担心。)

数字化信息流变也是一个结构化的过程,而且可以在数字化信息世界里直接完成,不必先由精神世界完成结构化,再记录到信息世界中。数字模拟、数字仿真都可以看作特定技术领域内的信息流变。

这个越来越膨胀、精确、动态、流变的数字化信息世界不但重新构建了人类精神世界中各个主体之间的关系(人与人之间的知识和信息交换),而且重新建立起物理世界中各个对象、各个要素之间的连接关系。数字化信息流变给不同主体带来了不同含义和不同价值,也给信息世界带来了前所未有的边界划分、权利冲突和权力重组等问题,在这块新生之地上,人们正面对如何建立新规则的挑战——这个规则不完全对应于现实人类社会的规则。

### 4. 信息超载和流变带来的问题

信息超载、信息爆炸、信息泛滥成为人们用来形容数字化记录信息极大膨胀的常用说法。这些变化给人们带来了许多明显的问题。

#### （1）信息超载的困扰

信息超载已经给人们带来了明显困扰。比如，温伯格说，"现如今，我们将信息超载视为一种文化环境。而令我们深夜难眠的，并不是担忧如此众多的信息会令我们精神崩溃，而是担心我们无法得到自己需要的信息"；雷军说，"我们被海量的信息包围，却难以找到有用的信息"；还有前面提到迪皮伊说，"信息社会中存在这样一个悖论：我们仿佛拥有了关于这个世界越来越多的信息，但这个世界在我们看来却越来越缺乏意义"，以及被重新回顾的艾略特之问，"我们在信息中失去的知识在哪里？"……

这些焦虑不是来自物理世界和精神世界的，而是由数字化信息世界的变化引起的。人们焦虑的是从信息到知识的过程中出现在两个不同环节的两个问题：一是如何在信息世界中寻找到希望得到的信息（含义）；另一个是如何通过接收到的信息形成更多的知识（认知）。信息超载容易造成"学而不思则罔"的状况，信息接收者接收到了大量外部信息，但缺乏足够的结构化方法、精力（能量）或时间，无法将其完全结构化为人脑内在的认知。

#### （2）数字化信息世界变化带来的问题

一是当信息供给量不再是问题的时候，注意力相对稀缺成为问题。现在，这个生理（或心理）意义上的人脑自我保护机制对信息接收的制约作用正在凸显出来。

二是当语法信息供给量不再是问题的时候，信息含义相对稀少成为问题。在发生信息超载的同时，并没有发生知识超载，知识量也没有爆炸式增长，知识被海量信息摊薄。

三是语法信息处理能力提高后，语义信息处理能力不足成为问题。或者说，当数字化能力不再是问题的时候，人类认知能力（信息和知识的结构化能力）相对不足成为问题。知识增长远远落后于信息增长。前面种种困惑隐含的意思都是——人类认知能力已经难以适应这种新的海洋般的信息世界的客观存在，依靠以往进化出的认知思维模式和能力甚至难以从中获得合适的精神养分。单从信息科学技术领域自身来看，就像1950年图灵在《计算机器与智能》一文结尾所写，"我们只能看到当下，但看见的这些就够我们忙活的了"。从那时起，大家就一直在香农和图灵的思想之内忙着寻求边际改进。图灵之后，尚无新知；香农之后，尚无新意。

四是数字化信息世界治理的问题。作为一个正在不断膨胀、动态化和流变中的新兴世界，其中的权利分配、运行规则等都有待建立。

还有一个问题。记录就是被记录，连接就是被连接，观察（浏览）就是被观察（被浏览），过滤就是被过滤，搜索就是被搜索。这些对人们到底意味着什么？信息的这种被动产生再一次验证了波普尔所说的其作为人类活动无意识副产品的特点（比如为了达到网上购物的目的而无意识或不得不记录在网上的各种个人信息）。不过这也带来了经济上的意义，以往作为人类精神世界无意识副产品的知识和信息，在数字化以后可以成为能够投入经济生产的关键要素，当然，前提是得能够找到它的含义。

## 5. 应对问题的办法

面对数字信息世界中语法信息和语义信息之间的分离，除了前面谈到的改进边际效率的语法信息技术和一些商业化的策略技巧之外，人工智能（AI）和脑机交互可能是应对这个问题更重要的两条路线。

AI 可能成为不同于人类智能的智能主体，正在成为一个新的变化因素。我们将在下一节详细讨论。

现在脑机接口技术还处于初级阶段，通过脑机交互技术能够为失能人士提供行动辅助。2019 年 7 月，埃隆·马斯克（Elon Musk）宣布 NeuraLink 公司已经研发出了一套脑机接口解决方案，侵入式脑机接口或将在一年内在人类大脑中完成植入。2020 年 8 月，NeuraLink 公司展示了 Link V0.9 神经植入技术用于猪脑的最新试验进展。2020 年初，浙江大学附属医院完成了国内首例 Utah array 电极植入，帮助病人实现日常生活行动。非侵入式接口能够对用户进行神经反馈训练，强化某一频段脑电波达到增强反应的目的。远期来看，通过脑机接口对人脑的记忆和认知产生影响，应该是未来努力的方向。当然，这些还将取决于脑科学、神经科学、认知科学等众多相关学科的进展。

## 6. 这个新世界的名字

关于发生数字化改变后的世界 3 的名字，有人把它简化为数字世界或者直接叫作数据世界，但我还是愿意称之为数字化信息和知识世界，不只是延续波普尔提出的世界 3 的思想，而是因为我还是愿意相信这个世界对人类精神世界而言，还是有某种特殊含义的（尽管其他智能主体可能解读出不同的含义），哪怕是虚构的信息，也总好过一堆由冰冷机器记录下的虚渺飘荡的语法符号（即便是一堆记录的资料也好不了多少）。格林伯格的 *tik 的回声越响，越凸显这个世界的空旷。

当面对的这个世界有了含义，人类才不会孤独，你才能够想象和相信，还有很多生动有趣的思想和灵魂陪伴在你周围，一切也才有了生机和意义。否则，可能就像贝托尔特·布莱希特（Bertolt Brecht）所说，"一个有话想说却找不到听众的人是很不幸的，但更不幸的是那些没有人有话想说给他们听的听众"。

所以，对这个世界的名字的称呼，是我的一个信念。

**继续变化的世界**

香农开创的数字化信息世界的膨胀远没有要停下来的迹象。作为构建数字化信息世界必需的基础设施，如 5G、卫星互联网等技术已经在路上，下一代数字基础设施也已经在计划研究之中。虚拟现实、混合现实也正在不断把人们更深地拉入数字化信息世界。甚至连新冠肺炎疫情这样与数字化无关的因素，也促使人们在物质和精神上加深了对数字化信息世界的依赖。

## 1. AI 重新崛起

从信息到知识、从知识到智慧的困境不是在数字化之后才出现的，艾略特之问发生在 1934 年，比图灵构想图灵机和香农提出二进制逻辑电路还要早 2～3 年。但在书面记录时代，这个困惑可能并不那么突出，只能说艾略特太有先见之明了。甚至当 1967 年波普尔明确提出世界 3 拥有客观自主性的时候，他也并没有什么特别的担心或认为有什么值得不安的地方。他认为世界 3 里的事物只要自在存在就好了，反正只是人类活动的无意识副产品，就像人造的鸟笼，如果有鸟喜欢可以在里面筑窝，如果不适用就放着，这个鸟笼是否被使用是关于偶然性的问题（作者写了书会不会被人看，被人看了能领会多少内容，都是很偶然的事情）。但有了 AI 以后，数字化信息世界似乎不再像波普尔的鸟笼么简单了（虽然人类记录者无心，但难保 AI 使用者无意（识））。

作为帮助人们处理信息、辅助思考的 AI 在大数据的源生汤中重新崛起。随着互联网技术的发展而聚集的数字化信息的膨胀，基于大数据统计的机器学习、深度学习、强化学习算法天生适合处理大数据，在处理大量数字化信息时取得了明显进展，AlphaGo、AlphaZero、AlphaFold 等的成功将 AI 重新拉回人们的视野，成为补充人类认知能力不足、解决大量信息处理问题最重要和最现实的一条路线。

图灵不但是计算机科学之父，还是人工智能之父。他不但在自己的精神世界中构造了计算机的原型——图灵机,还在自己的精神世界里构造了人工智能的原型——能通过"图灵测试"的计算机。如图灵所愿,他在自己的精神世界中构造的"会思考的机器"已成为现实。早期的 AI(定理证明机、专家系统等)离人类精神世界比较近,主要在精神世界的指导和监测下完成一些需要更强计算能力的任务。进入 21 世纪以来,AI 则以数字化信息和知识世界为主要孕育地,似乎开始远离人类精神世界。

AI 表现出来的能力使波普尔关于世界 3 具有"自主性"的哲学命题似乎越来越接近一个物理猜想,而原本作为(或证明)世界 2 存在意义的人类精神世界的中介作用似乎也有被替代的可能性。曾被认为"不可证伪"的波普尔三元世界理论正在迎来被证伪的机会。数字化信息和知识世界(新的世界 3)会创造出一个世界 4(如图 1-12 所示)吗?如果真的形成了一个世界 4,那这个世界的开创者无疑是图灵。有学者认为,当前人类已经进入了一个由自然世界、人类世界、信息世界、智能体世界组成的四元社会。但大部分学者认为智能体成为真正的一元可能尚待时日。

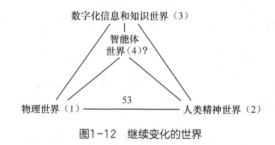

图1-12 继续变化的世界

## 2. AI 是否会成为新的一极

今天我们看到的一切变化都肇始于数字化编码的产生,所以称"今天"为"数字时代"合情合理。但人类原本自以为尽在掌控的三元世界的平衡正在被打破。半个世纪以来,物理世界还是原来那个物理世界(当然有了很多数字化改变的成分），精神世界也还是原来那个精神世界，但知识和信息世界已不再是原来那个知识和信息世界。数字化信息世界的膨胀和流变向人类精神世界提出了挑战，人类理性认知能力已经跟不上数字化信息世界的变化。人们在数字化信息世界中孕育了 AI，虽然这个世界最初也是人类所创造，但波普尔的鸟笼好像将成为 AI 的应许之地。人们已经开始担忧：未来人类能否继续保持对世界的掌控？

今天正在孕育着的变化是否有可能导致独立于人类精神世界的智能主体的出现，人工智能是否会强大到成为未来世界的一极，甚至是一元，专家学者对其前景仍有不同看法。人工智能可能带来的变化是进入一个人类智能与非人类智能共存的时代。无论如何，未来都将是一个以"智能"为主题的时代。如果人类能够保持掌控力，那么 AI 也不过是在物理世界中新增加的一件人造物品，像差分机、计算机那样，其作用就是对人类智能的增强或辅助（IA, Intelligence Augmentation/Assistance）。但在 AI 日渐强大的能力面前，曾经受到自然青睐的人类认知能力显得不那么适应数字化信息世界的新环境，人类精神世界是否会退化甚至坍缩为被 AI 所观察和改变的物理世界中的一个组成部分（就像我们现在观察物理世界中的其他物种那样），是很多人担心的事情。

虽然目前 AI 已经在图像识别、语音识别、自然语言处理及部分策略博弈等方面取得进展，AlphaFold 在蛋白质三维结构预测方面的进展也展现了 AI 在帮助科学发现方面的能力，但 AI 还没有（而且很多人认为 AI 也难以）发展到像人类智能这样的顺应语境的智能水平，因而目前 AI 仍在人类精神世界的控制之下，离形成独立的一极还有相当长的距离。

对于 AI 远景的看法，人们也有非常大的分歧。AI 的发展从脑科学研究中得到了不少启发，不少人对 AI 越来越强的能力感到不安，埃隆·马斯克之所以投入脑机接口技术研究，某种意义上就是对超级 AI 的出现产生担忧，同时也有某种借助 AI 经验增强人脑的打算。图灵奖得主约书亚·本吉奥（Yoshua Bengio）在 ICLR2020 大会上提出，注意力机制或许是未来机器学习的核心要素，借鉴注意力机制可能使深度学习和意识之间建立关系。不过，许多人认为，科学研究是在现象观察和原因解释之间不断迭代深化的过程（否定之否定、证伪之证伪），人工智能则只是在数据之间寻找（描述）关联关系，不进行原因解释，即 AI 只可能具备解决"是什么""怎么做"的智能行为能力，而不具备人类解决"为什么"问题的智慧思维能力。比如，乔姆斯基认为，自然语言处理所依赖的统计学习语言模型只能做工程的事，却做不了科学的事。这种方法不具备科学发现所需要的洞察力（或悟性），乔姆斯基在其他场合也表示过，意识是简单的，前意识（即在理性之外形成解释能力的能力）才是困难的，赫尔伯特·西蒙在谈专家直觉时也说过，在科学领域，无意识的发现常被认为是神秘的。AlphaFold 的案例表明，AI 能为受观察测量工具限制的科学发现提供新的帮助途径，但还好不是在洞察力方面。迄今为止，还没有看到 AI 具备这种能力的迹象。解释能力（权力）可能成为人类精神世界得以保留的最后防线，而人们自己也没搞清楚的这种洞察力（或悟性）就是这道防线的最后守护。

## 3. 赛博物理系统

近年来，赛博物理系统（CPS）越来越多地被提到。

从对赛博空间一词的使用来看，它并不完全对应三元世界中的数字化知识和信息世界，而是应该加上物理世界中的效能信息系统（边缘计算以下的通信和控制过程）。CPS 意指构建物理世界与信息世界的直接信息（包括电磁信号等信息载体）连接，形成物理世界向信息世界的自动信息记录和信息世界中的存储程序（包括 AI）对物理世界的自动控制（cyber）。

不同于此前物理世界和信息世界之间的信息连接大多需要经过人类精神世界（中介）加工和监控的过程，现在 CPS 的通信、计算和控制过程越来越可以不（时时）经过人类精神世界而发生。机器和机器之间的算法更容易保持一致，语义问题不再像有人参与时那么麻烦，两个世界之间传递香农的信息就够了。在诺伯特·维纳（Norbert Wiener）1948年出版的《控制论（cybernetics）》中明确指出了通信系统使用的是统计信息的思想。在这个系统的构建中，人类精神世界的中介作用似乎有被短路的可能。

如同人们发展 AI 的动因一样，发展 CPS 的动因同样也是因为人们感到自身在（工程）技术知识积累能力方面的不足。面对大量自动记录下的数据，却无法获得更多有用的知识，因而求助于基于大量数据的采集能力、机器计算能力和算法的组合——希望借助数字化信息对物理世界的虚拟（或模拟），再通过对数据的研究形成新的（工程）技术知识。数字主线、数字孪生等技术就是向这个方向延伸的草蛇灰线，而做好这些的前提是，要积累特定领域的结构化知识并形成对其进行数字化表达的能力。没有先验知识的积累，再多的数据也不可能带来更多知识。

 **小结**

最后重申或明确以下几点认识。

1. 在波普尔三元世界观里，记录的数据、信息、知识是属于世界 3 的事物，人的智能、智慧是属于世界 2 的事物。

2. 数据是表示客观存在特异性的符号。知识可以积累，信息只有流动。从数据到信息、信息到知识，不断通过结构化得到更多含义，这些都需经过信息的流动来完成。

3. 香农的统计信息论排除了信息的含义，只研究数字符号。语法信息和语义信息的分离造成了太多世人对信息一词的误解。语法信息和语义信息的分离也可作为数字经济部门划分的参考出发点。数字部门经营语法信息（统计信息），互联网信息服务业经营语义信息，数字化部门用数字化工具（统计信息处理工具）经营本部门专业知识。

4. 语法是躯壳，语义是灵魂。信息的含义取决于接收者。不同算法（接收者，人或系统）可以从同样的语法符号串中得到不同的含义。数字化技术（语法信息处理技术）大大提高了语法信息处理效率，语义信息处理效率跟不上这个变化，这也是数字化给世界带来变化、矛盾和困惑的根源。信息含义需要回归，但如何回归尚未可知。

5. 在现代信息通信技术的帮助下，语法信息不对称的问题已大大缓解。但只要有人参与其中，（语义）信息的不对称就永恒存在，因为完全的共识或共情并不存在。大规模市场化协作只能在简单任务领域实现。

6. 理性认知可以增长，而情绪只有变化。在数字化世界中，有限理性更加有限，情绪化决策不可避免。

7. 当前的总体问题是，数字化信息世界的发展打破了三个世界的平衡。

8. 数字化世界中，知识增长落后于信息量增长。信息力量分享知识的权力。

9. 人类认知能力限制了语义信息处理效率或信息结构化的效率，未来 AI 和脑机交互是解决这个问题的两条主要路线。AI 是帮助人类处理信息的外部助手，是否会形成独立的一极还有争论；脑机交互是要把人类自己变成 AI 来处理语义信息。

10. 数字化信息世界好像是 AI 的应许之地，难以言传的暗默知识的来源（悟性所在）也许是人类精神世界的最后秘密。

从信息，尤其是信息的含义开始，我们才能更好地理解我们所做的事情和所处的世界。当然，这并不妨碍我们先用信息技术去改变世界，比如当下快速发展的数字经济。至于用回归的信息含义来改变世界，在语法意义上也许我们已经做的就是能做的全部了，在语义意义上我们还不知道方向在哪里，但在这条路上，我们要改变的不是外部世界，而是人类自己，脑机接口也许算得上路口前的一个模糊路标。

第二章

· 关于语义信息的若干隐喻 ·

分析信息

把信息的语义层打开是件很有意思的事情，从信息的内部视界观察外部种种信息现象也是件有趣的事情。借用常用的隐喻方法，可以把信息传送，尤其是其中的语义信息作如下比喻。借用《我们赖以生存的隐喻》中提到的迈克·雷迪（Michael Reddy）关于语言的"管道隐喻"，认为"思想（或者'意义'）是物体，语言表达是容器，交流是发送"，并对语言的"管道隐喻"进行一些扩展和转换，将信息通信隐喻成交通运输。

 **信息通信网络好像公路、铁路、水路**

比如，美国在 20 世纪 90 年代曾提出"信息高速公路"的发展计划，或叫"信息超级高速公路（Information Super Highway）"，或"国家信息基础设施（National Information Infrastructure，NII）"，就是建设以高速计算机通信网络及相关系统为主的发展计划。其中，就把信息通信网络比作高速公路。

 **电、磁、光、纸等载体（通信信号）好像汽车、火车、轮船等运输工具**

人们往往把信号称作信息的运载工具。如果把信息通信网络比作高速公路的话，那么把信息的运载工具比作高速公路上的汽车就是自然而然的事情。

 **信息的语法（符号）好像集装箱**

语法信息与语义信息的关系可以用货柜（黑箱）与其中的货物的关系来形容。就像标准集装箱之于交通的伟大意义一样，香农开创的数字化（二进制编码化）信息传送方式之于通信也有同样的伟大意义，甚至比集装箱改变世界的意义更加伟大，因为香农把这个信息集装箱的标准简化为只有两种，大大提高了信息处理和运转的效率。

就像流动是集装箱的"宿命"一样，流动也是信息（语法符号）的"宿命"，但记录下来的信息只有被人解读才算是找到"归宿"，就像集装箱只有被人打开，里面货物的价值才能实现，否则它可能就只是一个铁皮箱。

 **信息的语义好像集装箱里装的货物**

信息的语义好像集装箱里装的货物，比如乐高积木。

### 1. 准备工作

（1）以下用来举例的情景其实很多在物理意义上并非二进制编码，而是包括文字、语言、机械、其他数字进制等众多编码在内的形式，即各种各样的货柜。为便于理解，以下都用集装箱来替代货柜的说法。

（2）我是发货人（信息发送者），发出一辆乐高积木拼装的汽车模型（我的语用信息），为了提高运输效率、节省空间，我先把这个模型拆散了，把积木块装入集装箱（语法符号）。

（3）你是收货人（信息接收者），收到集装箱（语法符号）后，需要打开集装箱，把拆散的积木块再拼装起来（以得到语义信息）。

（4）积木的拼装指南（或拆散积木的方式）就像是解码（或编码）算法。

### 2. 双方商量好的情景（定向通信情景）

（1）我把集装箱发送给你。如果我和你事先商量好，我给了你拼装指南，你也完全看懂了，你可以拼装出原汽车模型，那么你就得到了我希望你得到的语义信息（常规定向通信情景）。

（2）我发送给你的集装箱被第三方截获（集装箱可复用，不影响你收货），并且第三方通过强大的算力（人力或计算机）尝试猜测积木拼装方法，有时不用拼装指南也可以拼装出汽车模型，即他偶尔也能得到我发送的语义信息（加密通信被破译情景1，如第二次世界大战时英国情报机构通过一万人的庞大人力团队破解德军恩尼格玛密码，效率很低）。

（3）我发送给你的集装箱被第三方截获，并且第三方拥有的算法复杂度比我的拼装指南的复杂度更高，不用拼装指南也可以拼装出汽车模型，他也能得到我发送的语义信息（加密通信被破译情景2，如第二次世界大战时英国用图灵炸弹破解德军恩尼格玛密码，大大提高了破解效率）。

上述情景（2）和情景（3）举例仅为示意，实际上，这些情景里对密码的编码和解码是由多个专门的机械转子完成的，和二进制没有关系。

### 3. 双方未商量好的情景（非定向通信情景）

如果我和你不认识，事先也没有商量，我现在发送出集装箱，可能被你或其他人收到，可以分为已发货和发货前两种情景。

**（1）已发货情景（由接收者解读或决定语义的情景）**

对于已发货的集装箱，如果没有拼装指南，那么能得到多少语义信息，就完全取决于你（接收者）的算法复杂度，与我（发货人）没有关系。

a. 对于可复用的数字化集装箱（数字化的语法符号）来说，包括你在内的不同的人都可以收到货，然后各自拼装，必然会拼出五花八门的东西来，即不同的人得到不同的语义信息（不同的人对同一条信息理解出不同含义的情景）；

b. 对于你来说，收到集装箱后，你也可以把它拼成不同的汽车模型，比如小轿车、大卡车、公交巴士、电动车，即同一个人也可以得到不同的语义信息，完全取决于你的意愿（同一个人对同一条信息也可以理解出不同含义的情景）；

c. 如果你用来拼装的方法（算法）和我用来拆散的方法（算法）完全一样，则不需要拼装指南，你就可以原封不动地拼装出原汽车模型，得到我发送的全部语义信息（机器和机器之间通信的情景，也是数字时代严格意义上的二进制编码通信情景）；

d. 如果你以前拼装过这个模型，知道怎么拼，并且能猜出来我发送的可能是什么模型，那么也许你能拼装出原汽车模型，不一定完全一样，但差不太多，即你能得到与我发送的含义大体相同的语义信息（知己、知音情景，或共识、共情情景）；

e. 如果你的算法复杂度很高（比我的拼装指南的复杂度高很多），用这些积木块不仅能拼装出汽车模型，还能拼装出有动力的汽车，甚至可以拼装出真正能跑起来的汽车，那你就得到了比我发送的含义还多的语义信息（柯氏复杂度最高情景）；

f. 如果你以前没有拼装过这个模型，也猜不出我发送的可能是什么模型，那么你只能根据自己以前的经验和理解去拼装积木块，可能只能拼装出一个有点粗糙的汽车模型，甚至只有一个汽车轮廓，那么你只能得到部分语义信息，或没得到多少语义信息（日常情景）；

g. 如果你只认识（收到了）集装箱，根本不认识乐高积木，那么你就得不到任何语义信息（有语法通信、无语义通信的情景）；

h. 如果我发送的汽车模型本身就是个比较简单的模型，绝大多数接收者都差不多能原封不动地拼装出来，你得到的语义信息和我发送的含义差别不大，即发送者与接收者容易达成语义信息上的共识（简单任务情景，像网约车、网络购物等网络化大规模市场化协作）；

i. 如果我发送的汽车模型本身比较复杂,有很多无法用拼装指南说清楚的"技巧"（暗默知识），需要你和我反复进行通信沟通，你才能把汽车模型拼装出来，从而得到我发送的语义信息（复杂任务情景，像青木昌彦所说ICT增加暗默知识价值的情景，如通信、芯片、制药、军工等高科技公司的大规模协同研发）；

j. 如果我发送的集装箱没有收货人，或收到货的人都得不到语义信息，那么我的集装箱可能就漂在路上了，也许有一天会被人注意到，然后拼装出个什么东西出来（波普尔鸟笼情景）；

k. 如果接收者是人，可能最多只能处理 10 个集装箱（受认知能力限制）；如果接收者是 AI（伟大的图灵留下的遗产），它的算法可能能够处理 1000 个甚至更多个集装箱，即 AI 可以处理更多数据，从而得到人类无法得到的语义信息（AI 与人类比较的情景）；

l. 如果 AI 的处理能力极强，把我和其他发送者发送的集装箱里的语义信息都得到了（AI 得到应许之地的情景）。

### （2）发货前情景（语用情景）

在发货前，我作为货物发送者（或中介），从语用角度出发，考虑怎样更好地通过发送的货物来告知、娱乐或劝服你（接收者）：

a. 对于特定的接收对象，我先收集你的信息，了解你的情况，分析你可能的认知能力和状态，然后针对你可能的认知能力，把积木大体组合成你能看懂或容易接受的模块（相当于为你做些预处理），便于你组装，以便你得到我发送的语义信息（定向告知或劝服的情景，如互联网平台常用的用户画像、精准推送）；

b. 考虑到你的认知能力有限，我先按照统计状态上的群体共识（习惯），把积木中一些常用的组合形状分好类，方便你在找一个积木块时更容易找到和这个积木块相关度较高的积木块（经常组合在一起的积木块），以便提高你的组装效率，使你更容易得到语义信息（非定向告知或劝服情景，如词网、语义网络、语义精准搜索、知识图谱等）；

c. 对于一个人群，我先了解、评估这个人群的统计认知或情绪状态（即里面多数人可能是什么认知能力和水平），然后把积木大体组合为这个群体能够看懂或容易接受的模块，以使更多人能够得到我希望他们得到的语义信息（群体告知、娱乐或劝服情景，告知情景如教师授课，娱乐情景如说相声、网络娱乐直播，劝服情景如舆论战）；

d. 考虑到人群的注意力机制，我先在集装箱上涂上更鲜艳的色彩，以使更多人在很多集装箱中先看到我发送的集装箱，然后打开它，至于语义信息的传递效果，我根本不关心（群体通知情景，如自媒体或新闻网站通过"标题党"赚取流量）；

e. 为了降低信息处理的成本，我尽可能改进我的算法，提高我的算法复杂度，这样我就可以用尽可能少的集装箱（语法符号）来装载更多的积木块（语义信息）（柯氏复杂度技术改进情景）。

### （3）信念情景

a. 你收到了集装箱，打开后按照自己的理解进行了拼装，得到了一个模型，可能是个汽车模型，也可能不是汽车模型。可能有人说你拼得不对，你回应说，"没关系，我喜欢"，你得到了自己相信正确的语义信息（个人信念形成情景）；

b. 许多人收到了一个（或一组）集装箱，大家各自按照自己的理解去拼装，结果拼装出来的东西都不太一样，经常发生分歧争议，耽误了共事的效率。为了避免争论、促进合作共事，大家互相妥协（或经过长期重复博弈），最后达成共识，都按照一个指南进行拼装，从而得到大家公认的语义信息（共同信念形成情景）。

关于信息传送和语义信息的很多情景似乎都可以用类似的比喻来形容。

第三章

· 论数字经济治理 ·

■ 分析信息

经济治理是对主体行为的约束,以及对主体权利的约定,体现为由行为约束和权利约定共同构成的法律法规和道德伦理等规则体系。数字经济治理是很大的话题,本章仅就其中几个问题进行初步讨论。

##  涉及的主体和规则

数字经济活动涉及物理世界、人类精神世界、数字化信息和知识世界(简称数字化信息世界)以及正在孕育的 AI(尚未形成一个独立世界)。

在这"3+1"个世界中,数字经济规则涉及的主体有 3 类:作为有意识行为主体的人类、作为人类的代理的机器,以及将来有可能形成意识行为主体的 AI 机器。现在数字化信息世界中的机器主体其实都是人类和人类组织的代理,即行为主体都是由人类操控的机器,即便机器是在自动运行,其算法也是由人类设定和监控的,因此现在的机器都是作为人类的代理的机器。

借用常用的说法,用线下活动表示在物理世界和人类精神世界中进行的活动,用线上活动表示在数字化信息世界中进行的活动。线下与线上虽然近在咫尺,但却跨越了 3 个世界,这也是数字经济治理难点之所在。

在这 3 个世界中涉及的规则约定有 3 种:人—人之约、机—机之约、人—机之约。

如果把原来线下人类社会中人—人之间的规则约定理解成旧约定(简称"旧约"),那么线上机—机之间的规则约定就可以称为新约定(简称"新约")。

在线下活动中,人与人之间通过对某些虚构信息的共同信念(夹带了情绪的认知)形成规则(约定)。但在数字化信息世界这个新世界中,这种共同信念(或共识)如何形成本身就是个问题。

因为现在 AI 机器还没有形成真正的意识行为主体,所以数字化信息世界里(线上)还没有真正的行为主体,真正的新约(机—机之约)还没有存在的现实基础。目前，针对 AI 的人—机之约还是人们一厢情愿地试图约束机器的单方面想法，未来如何发展还不一定。

语法信息与语义信息的分离、语义信息处理效率跟不上语法信息处理效率等问题也是造成当前数字经济治理难题的根本原因。

 **个人信息、权利及保护**

在众多的信息和数据之中，个人信息或个人数据是最为特殊的，也是形成数字经济规则时最基本的要素。

### 1. 个人信息的性质和特点

个人信息或个人数据是能够指向一个被识别或可识别的自然人（"数据主体"）的任何信息。以前要想识别一个主体，可能还需要一些有具体含义的信息，随着数字化信息世界的膨胀和数字技术的发展，现在甚至很多随机的、没有什么含义的字符串（数据的第二种定义），只要它是个特异性标记（数据的第一种定义），都可能与某个个体关联起来，所以在很多法律法规中用"个人数据"来替代"个人信息"的术语（或者混用）也是与时俱进的做法。因此，个人信息（或个人数据，以下两个说法可能会混用）就是指能够被用作识别某个个体（包括人或机器）的特异性标记。这个特异性标记不但可以作为物理世界中独立个体的识别符，也可以作为个人精神世界家园的指引符。这是个人信息的原始功能。

从这个特异性标记的外在表现来看，它具有被动性、非创造性（非劳动性）、非营利性（非经济性）等特征。被动性（数据的第一种定义中的一个特征）是个人信息的原生特点，即被观测和被记录的客观对象（在这里就是指一个特异性的个体）只是被观测和被记录。其次，个人信息既不是被发现，也不是被发明，所以它是非创造的（非劳动性的）。另外，在数字化时代之前，好像很少有用名字来营利的情况。但到了数字化信息时代，特异性标记也成了一种稀缺资源，也可用来营利，比如以人名在数字化信息世界里抢占域名等，这时，连非创造性这个特性也被颠覆了，创造特异性标记本身就可以看作一种创造性劳动，即从语用角度可以对个人信息进行创造，并实现盈利（例如，线下名字被别人线上抢注引起不少纠纷，这是另一个话题，此处暂不讨论）。但对于已经存在而且"取好了名字"（已形成可观测的个人信息）的个体而言（即个人信息这件作品已完成或作者已死），被动性、非创造性（非劳动性）、非营利性（非经济性）仍然是个人信息的固有特征。这是个人信息的第一组重要特点。

对于具体个体而言，特异性标记是用信息（数据）来显示个体存在的方式。但除特异性标记的原始功能外，个人信息表现出的其他特征都是尽可能减少其存在信息的显示，可以称为匿踪本能（天性），以实现达尔文所说的自我保护。简单地说，就是减少被关注。这是个人信息的第二个重要特点。这个特点带来了对个人信息限制扩散的要求。

比如，科幻小说《三体》描述的暗黑宇宙中，人类尽量不要暴露自己的坐标以免遭到其他文明的攻击；人类进化过程中，身体为满足大脑能量消耗而进化出强大的消化系统，通过进化出长长的肠道来拉长排泄（排泄物也是个人信息的载体）的时间和距离，以减少信息的显示，免得被其他捕猎者追踪。

有学者提出，"欧洲是世界上对个人隐私保护最为严格的地区，在近年来恐怖袭击频发的社会环境下甚至引发了公共安全和个人隐私孰轻孰重的难题。为何欧洲人执着于保护个人信息呢？因为欧洲是政府调查和社会调查发展较早的地方。第二次世界大战期间，详细和完备的个人数据曾经被纳粹用来清洗犹太人和迫害反纳粹人士。所以很多欧洲人坚信，无论是出于何种目的进行的个人信息数据收集，最后一定会被滥用"。

当然，个人信息的这种匿踪作用在争当网红的数字化信息时代，可能显得格格不入了。另外，在涉及公共安全、公共利益的问题上，个人信息的这种作用也可以被重新考量。比如，通过健康码追踪个人行动轨迹的方法为抗击新冠肺炎疫情发挥了积极作用，但健康码在一些地方被扩展使用又遭到了人们的质疑。

如果说匿踪还是出于自我保护的生存本能，即保护物理世界中的个人的话，那么人们还会有精神世界家园的自我保护要求：一是自己的精神世界家园中总有些不想让别人知道的秘密或隐私（比如起床后不叠被子），也就是有保护秘密或隐私的要求；二是保持精神世界家园的宁静，即使你家里没什么秘密，也可能有保护宁静的要求。关于隐私及其保护的问题，大家已经讨论很多了，这里不再赘述。而保持精神家园宁静的问题，本来应当是一项普遍、正当而合理的一般权利（所以有必要把它从常说的隐私权里拿出来单独讨论一下），但在一些人看来可能是个有点过分的奢求。因为很多人喜欢热闹，来者不拒，但总还是有些人不是很喜欢在家里待客，尤其是不请自来的客人，即使家里也没什么秘密，即使来的客人是很安静的、没有恶意的，甚至是没有什么存在感的客人。虽说人脑的注意力选择机制已经阻挡住了不少信息，让你能够在一定程度上清静清静了，但在数字化信息时代，许多人拎着五花八门的波普尔鸟笼等在你家门前，里面还装了各种鸟儿，叽叽喳喳地吸引你的注意，等着你带它们回家。关于这种情况带来的烦恼，想想那些饱受狗仔队困扰的名人就知道了，想过宁静的生活而不能是不是一种折磨？

存在有两层含义：一个是物理存在，即生存；一个是精神存在，即生活。数字化信息时代不同于以前人们经过的世世代代，也许人的存在法则也要改变。现在被关注（例如成为网红）才能生存，而不被关注（不被打扰）才能生活。可能是传世累积在内心深处的不安全感和现实越来越严重的不确定性压力，使很多人的存在意识里只有生存，似乎忘了还有（精神）生活这回事，也许这本身就是个奢求。

## 2. 个人信息的权利

在关于信息权利的问题方面，曾有学者提出可参照知识产权来研究，但似乎有一些问题。

因为现代知识产权是为保护人们的脑力创造性劳动而发展起来的（由之前皇室对知识和思想的控制特权演变为私权），对于非创造性（非劳动性）的个人信息而言，显然不太适合。此外，在知识产权中置于财产权之前的精神权利（又被称为人格权或人身权，其实更准确点应该称为人脑权），一般被保护为作者的发表权、署名权、修改权、保护作品完整权等，这些实际上是为鼓励创造者而赋予他的个人信息（及其延伸的）表达权（或者说信息扩散权），这些权利与个人信息匿踪本能带来的限制扩散要求正好相反。

因此，关于个人信息权利的界定，难以参照知识产权的思想，甚至难以参照其中的精神权利的思想。

所以，关于个人信息的权利问题，可能还是要从个人信息的性质和特点入手来分析。对个人主体而言，其个人信息的权利一是天然拥有的能用作个体识别的被识别权（对于其他人来说，就是识别权，以及由此派生出来的对识别出来的个人数据进行某种处理的权利），二是作为物理上的个人应该拥有的自我保护性（保护物理上的踪迹和精神上的隐私）的限制扩散（减少显示）权，三是个人精神世界应该拥有自主决定接收或不接收哪些信息的选择权（精神自主权或人脑宁静权）。个人信息权利保护的问题应该就是在第一点和第二、三点之间如何平衡的问题。第一点和第二点的平衡是大家经常考虑的事情，从现在对于促进数据流动以实现其经济意义和保护隐私权之间如何取得平衡的讨论就可看得出来，到底平衡到什么程度是其中的争议核心。关于第一点和第三点的平衡并没有什么共识，比如欧盟《通用数据保护条例》（GDPR）支持数据主体对个人数据有更强的控制权和决定权，如其中的反对权，要求包括数据画像在内的自动化决策条款对个人自主权的支持力度也比较大，但其他地区的人群也可能认为这是一个有点矫情的要求。所以，个人信息虽然只是一个特异性个体的标记或识别符，但它是人与人之间保持独立性和合理距离的标志，也是构建人—人之约的基础条件，对每个人而言，它还可能是守护你精神世界家园的唯一一块盾牌（尽管这块盾牌更像是一个象征性的声明）。其中关于个人信息构成人—人之约的基础条件的理解，可以参照郑成思先生在引用马克思"财产体现的是人与人之间的关系"的观点来论述知识产权不是体现人与物的关系时所用的逻辑，只是个人信息远在财产或知识产权之先，即只有先把每个个体识别并区分出来，才谈得上个人权利的事，也才有后面的人与人之间的约定这回事。同时，个人信息也不是在被识别时才生成的识别符，而是个人一旦存在就天然产生的（被识别之前就已存在的）可以被用作识别的所有数据（被识别指被其他主体观测到），正如之前定义中所说，个人信息是"能够"指向一个被识别或可识别的自然人（"数据主体"）的任何信息，只要有"能够指向"这个潜在条件就够了（算得上是个人信息或个人数据），并不一定是实际产生的信息或数据。

关于个人信息权属问题的讨论比较多，本书不赘述。只有一点值得探讨，如果某个主体出于语用目的赋予我一个特异性识别符，比如我本来叫张三，他用字符串"AAA"或"1111"，甚至像"selo18y"这样的随机字符串来标记我，那么这个字符串的权属是归他还是归我？不管字符串"AAA""1111"或"selo18y"的权属是不是归我所有，他都能通过它们识别出我来。所以，权属问题可能不是个人信息问题的核心。

对个体而言，一项重要的权利应该是不被识别权。但是，被识别是无法避免的，不被识别是无法实现的。或者说，只要你活动，就会被识别（或标记）。甚至，如果网络的计算和存储能力足够强大，而且有人闲得没事干，哪怕你不活动，哪怕你仅仅是块石头，也可能被标记出来，就像我们测绘物理世界一样，比如地理信息测绘。更甚至，在数字化信息世界里，即使你未被标记，也可能意味着是种标记，比如在数字地图上，周围别的地方都被标记了，就中间一块地方是空白的，那自然也是一种标记。

另外一个重要的问题是权能如何实现，即个体对个人信息控制能力的问题。比如，在人们能够登上火星之前，出售火星土地的人就是骗子，因为买地者的权能无法实现。而在《三体》里云天明给程心买了距太阳系286.5光年的DX3906

星，当程心能够乘坐曲率飞船到达那颗星星时，心中的感动是真实的，因为受赠者的权能可以实现。在数字化信息世界里，语法信息和语义信息的分离、语法信息的快速流动和流变，早已把个体对个人信息的控制能力疏离到了无法控制的地步。个人信息权能如何实现，仍然是个问题。

### 3. 个人信息的存在现状

我们看到，现在很多人愿意，或不得不拿自己的个人信息去换取生活便利。这是不是可以理解为：我们同意出让个人信息的权利？那么我们还有没有不出让个人信息的权利？

在数字化信息世界里，人到底该如何存在？或者说，对于人而言，数字化信息世界到底是个什么地方？应该不会是像对于 AI 那样的永久居留之地（应许之地），可能更像个短期郊游地，只不过人们去得越来越频繁，甚至产生一些依赖感了。在这个过程中，作为特异性个体识别符的个人信息意味着什么？

关于现在，我们打个比方。个人信息作为物理世界中独立个体的识别符（用来识别作为物理个体的你），相当于你家的门牌号，同时也是个人精神世界家园的指引符（用来识别作为精神个体的你），相当于你精神世界家园的门牌号。

假设你需要坐渡轮从自己的精神世界家园到数字化信息世界去游览，那么你需要拿你的个人信息当船票（需要注册个人信息，或利用可识别的智能机器或 IP 地址等），这张船票也是游览数字化信息世界各站点的联票。你要上船，就必须先把船票交给摆渡人进行检票。如果你遇到的是克莱尔·麦克福尔（Claire Mcfall）笔下的崔斯坦那样的摆渡人，他会全力为你着想，检票后也不会打扰你。现实中你碰到的艄公大多不是崔斯坦，当然也是非常好的人，他在检票后会送你去数字化信息世界游览，还经常会好心地按照门牌号找到你，趴在窗户上往里看看，看看你可能喜欢什么样的鸟笼，比如看到或猜到你可能喜欢蓝色的，那么他就会贴心地在渡口或你家门口摆上蓝色鸟笼，等你回家时就能方便地带回去。各个站点的人也都会这样做。这好像也没什么不对，人家不过是在对你没有任何伤害或恶意的情况下给你提供了一些方便而已，而且还是免费的，你也会觉得很愉快。如果你现在还想东想西的，是不是就有点把人家的好心当作驴肝肺了。所以整个过程中到底有没有什么不对劲的。

提起鸟笼，又不禁让人想起当年提笼架鸟的八旗子弟，玩物可以怡情，也可能丧志啊，不过当年玩得高高兴兴的八旗子弟们似乎并没有意识到这一点吧，而要把这些怪罪在卖鸟给八旗子弟的商人身上似乎也无从谈起。不知不觉中，人们对自己精神世界的自主意志和自主能力可能会悄然退化，"温水煮"的可能不只是青蛙。

对于在意学习和成长的人而言，还有一个值得参照的角度，是波普尔提出的"失望的预期"的概念，他说，"只有在期望没有得到满足而失望的时候，我们才会意识到我们的许多预期。在路上遇到突然的台阶便是一个例子：正是台阶的出乎意料使我们意识到我们预期平坦的路面。正是这样的失望迫使我们改变我们的预期系统。学习的过程大都是在进行这种改变，即消除某些（失望的）预期。"如果你能得到的都是你预期得到的（别人帮你准备好了），而你得不到预期之外的失望，那怎么学习成长呢？恐怕留下来的都是富余的情绪罢了。长期反复地只产生富余情绪的结果，也可能会强化偏执。

回到我们讨论的主要话题上来。当然，大家也会通过匿名等方式来保护自己的个人信息，不让舫公知道自己精神家园的地址。不过，你拿着游览联票（船票）在数字化信息世界检票时舫公也能够看到（甚至他还可能和其他舫公交换信息），你的游览行踪也都能成为透露你精神世界的窗口。他甚至不需要知道你是谁、你家在哪，只要知道你是某个特异性个体就够了，他就能给你这个特异性个体的精神世界提供像前面所说的那种方便服务。这时，表示你的特异性存在的那些数据也就起到了指示你精神世界的识别符的作用。也就是说，对舫公来说，有表示你特异性的语法符号就够了，你感兴趣的语义，他自己可以找到。

对于个人的精神世界家园，我们是否也可以在门牌上加挂一块"非请勿视"的牌子呢？挂了牌子会有用吗？还是纯属多此一举？或者，就算你知道了我的个人识别符，我们是否可以要求"非请勿用""非请勿传""非请勿存""非请勿扰""阅后即焚"，就像 GDPR 中规定的一些条款那样？但是，这些牌子并没有什么魔力，它只能提示君子，不能阻挡小人，如果没有强有力的法律和执法安排，即便挂了这些牌子，也多少有点掩住自己的耳朵等别人把铃盗走的意思。另外，就算有执法人员，牌子挂多了，操作性也会是个问题，估计执法人员也会有看不过来的时候吧，可能还面临扩充执法队伍、增加成本等一系列问题。

## 4. 个人信息保护的难点

个人信息保护的难点同样来源于语法信息与语义信息的分离，可能面临以下两方面的问题。

一是当分离出的语法信息以数字化形式快速流动和流变时，个人信息权能就已经完全失控了（在信息的流动过程中，经手的很多人都能得到其控制权），个人信息权属也就容易陷入争议（如流变形成的新信息的归属），个人信息权利也就朝着名存实亡的方向滑去。

二是语法信息处理效率的提高导致线上流动的语法信息太多、流变太快，而人们的语义处理效率跟不上，这种效率冲突导致出于经济利益考虑的互联网公司采取语法信息处理技术主动帮助用户挖掘语义需求、提高（哪怕一点点）语义处理效率，相当于给用户（人脑）提供语义信息预处理服务，进而增加公司的效益，这种情况现在十分常见。这就好像互联网公司看到你脑子太慢、面对一大堆信息毫无头绪而替你着急，就主动来帮帮你，加快你筛选信息的速度，好像也没什么太大的问题。现在的问题是，虽然我脑子慢，但我有脾气，我脑子慢就慢了，我不想让人帮，也不想让人知道我脑子慢，尽管大家都知道，但大家假装不知道行不行？我有没有这个权利？虽然 GDPR 说，"你有"，但换个地方人们也许就会说，

"你也太不识好歹了"。

所以，我们看到，被认为是史上最严格的个人信息保护法规 GDPR 遭到不少互联网公司的抱怨，尽管有公司利益损失的因素在内，但根本原因还是因为互联网公司不得不牺牲效率以满足 GDPR 的条款要求。因为互联网公司如果对所有用户的个人信息权利保护都满足相关法规的要求的话，它就需要把（原本可以提升的那一点点）语义信息预处理效率牺牲掉，也会跟不上互联网上整体的语法信息处理速度，好不容易被香农和图灵及此后众多信息科学技术专家历经数十年努力才提起来的语法信息处理速度不得不受限于人脑这个瓶颈，从数字化信息世界的总体来看自然也是一种效率损失。这个问题倒不完全是互联网公司出于利益损失而特意寻找的借口，而是语义信息和语法信息分离必然带来的客观问题。人脑的语义信息处理效率跟不上机器的语法信息处理效率是根本原因。如此看来，人脑不够用，会拖整个数字化进程的后腿呀。

我们换个假设角度，如果现在人脑的语义处理效率能够跟得上机器的语法信息处理速度（比如假设脑机交互技术已经成功），那么互联网公司仅忙活大量用户对语义信息的主动需求可能就忙不过来了，根本就顾不上、也不再需要去干通过用户精神世界的门牌号去发掘用户语义需求这种吃力不讨好的事了，自然也就不存在前面所说的种种问题。也就是说，假如用户都是思维敏捷、精力充沛的人，艄公在检验船票后可能根本就没工夫干别的，按照这些用户的要求疲于奔命地干活就好了。

遗憾的是，这种情况仅仅只是个假设，可能永远都不会发生。互联网语法信息处理效率与个人语义信息处理效率之间的差距只会越来越大，因而这个矛盾也会越来越大。这是难以回避的现实和未来。对于这个客观矛盾，我们还有可能找到帕累托改进[①] 的方案吗？

---

① 帕累托改进：能使至少一人的境况变好而没有人的境况变坏的资源重新配置。

## 5. 未来个人信息及权利的意义

在似乎无限快速膨胀的数字化信息世界背景的映衬下，人类精神世界似乎显得越来越小，就像从太阳系被拉大到银河系，乃至全宇宙视野中的地球那样，其重要性似乎也在这种视野变化中越来越被忽视。就像现在网上经常看到的吸人眼球的标题那样，人们更多地关心如何在数字化信息世界中获得经济回报，最多关心到物理世界和数字化信息世界如何融合、赛博物理系统如何一体化，精神世界似乎很少在人们的考虑范围之内了。人们越来越被这个不断膨胀的数字化信息世界所吸引，满怀憧憬地希望从中挖掘出更多的新鲜和价值来，这几乎已经成为这个时代的一种信念，甚至像尤瓦尔·诺亚·赫拉利（Yuval Noah Harari）所说的"数据主义信仰"了，人们似乎越来越忘了精神世界才是我们的心灵居所。

将来，在数字化信息世界中，甚至人们的这种精神权利是否还存在都是个问题。或者说，个人信息权利在未来的数字化信息世界中还有无存在的意义，或者意义何在，也许它会坍缩为仅仅用来显示一个人类个体存在的特异性表示（就像我们现在观察物理世界中的表示客观事物，比如一块石头的特异性数据那样）。从这个角度来看，人们现在用个人信息换取方便的举动也许不过是人类从精神世界向数字化信息世界永久迁移的一个前奏序曲，至于将来人类的精神世界是否会继续滑向坍缩（成为被观察的一个物理对象）还是未知的，不过人们还没有为此做好预期和心理准备。就像移民前，你还没有打好包，也不知道要去的那个地方是不是你的永久居所，但是已经把单程船票交给了摆渡人。

现在大家讨论的还是如何在促进数据流动以实现其经济意义和保护隐私权之间取得平衡。但随着数字化信息时代的发展，问题可能正在发生变化，真正需要考虑的，也许应该是在实现经济利益与保留人类精神世界家园之间，而不仅仅是与隐私权保护之间如何平衡。这才是当今时代更需要考虑的一个平衡关系。在数字技术飞速发展的今天，我们要不要让语法的躯壳跑得慢一点，等一等已疲于追赶、却永远也无法赶上的语义灵魂?否则,也许会加速人类精神世界坍缩的进程。

人们关于促进数据流动或数据交易的想法好像就是一种"信息已经过量却还想要更多"实验的现实版,这未必不是在数字化信息时代人们的思想、智能或精神创造力增长缓慢,甚至匮乏的一种标志。想想 70 多年前,在信息远比今天匮乏、数据流动远比今天缓慢的时候,香农和图灵等学者就灵动地在自己的精神世界里自由翱翔,仅用思想计算机就拉开了数字化信息世界的序幕,到了今天,他们还在我们的前方怜悯地看着我们吃力地追赶他们当年设下的"香农极限"和"图灵测试"。他们是"求人不如求诸内心",我们是"不求于心,反求于物"。我们似乎忘了自己还有个精神世界,也似乎忘了这个世界上还有精神世界这回事。

可以想象一下,假如当年艾略特问香农和图灵"我们在信息中失去的知识在哪里?",他们可能会说,"哦,我们正在帮你把这个哲学问题变成一个物理问题提给众生",如果艾略特又问,"我们在知识中失去的智慧在哪里?",他们可能会自信地说,"就在我们的脑子里呀"。(有人说,图灵上中学时上课不听讲,也不看书,所有定理都是自己推出来的,所有中学以前的数学知识他自己从头推理了一遍。)今天我们怎么回答这两个问题,我们只能说,"嗯,等会儿,我上网搜搜啊";或者说,"呃,虽然我不知道在哪儿,但是咱有大数据"。当然,最接近题意的答案可能是,"哦,不是在图灵给我们留下的 AI 那里吗?那可是人工智能啊"。

 **规则的修订与更新**

语法信息(符号)无论处于什么状态,它都只是语法符号,而不是语义信息(信息的含义)。澄清这一点对理解规则的形成极其重要。语法信息和语义信息的分离、语义信息的永恒不对称,仍然是理解规则问题的关键。

## 1. 旧约及向线上的延伸（旧约的修订）

人类社会规则由大家对某个信息的共识或共同信念生成。其中，共识或共同信念所信奉的对象不是知识或物理实体，也不是测量物理实体得到的记录数据，即不是真信息，而往往是由人类精神世界虚构出来的号称有某种意义或价值的东西，因而是虚构信息，比如货币。也正因为所信奉的对象不是一个"真"的信息，所以关于这个虚构信息的信念，就像我们之前说过的，是一种夹带了情绪的认知，也就是要靠情绪调节来说服理性的自己相信它，即先有了语义信息的真假，才有了相信或不相信的问题，进而才有了信任、信用、诚信这些问题。所以，人类信念的形成过程，不是一个纯粹理性计算的过程，而是理性计算加情绪计算的过程。

因此，在人类社会中，规则与科学是两回事。科学是为了追求真理，是在对观察客观信息归纳成理论猜想后的否定进行否定（证伪后证伪），不应拘于某个信念，如果实践观察与理论猜想（假说）发生冲突，则需要调整理论。规则是基于对虚构信息的共同信念而产生的，不应随意动摇，如果信念与实践发生冲突，需要（说服自己）调整对实践的理解。没有科学，我们无法理解生活；没有信念，我们无法生活。因此，即使追求某个具体专业方向上的真理的科学家也同样会在生活中拥有某种信念，遵守社会约定的规则。这是人—人之间旧约的基本特点。

进入数字化信息时代以来，为规范线上经济活动，人们不断把线下旧约的规范向线上延伸，当然需要做些调整。比如，美国的"市场公平法案"、中国的《中华人民共和国电子商务法》，以及前面所谈的欧盟 GDPR 等，都是基于现有的人类社会规则（原则）并适应线上的技术特点而修订形成（包括形式上新制订）的法律法规。当然，这些法律法规也同样会面临语法信息与语义信息分离所带来的效率矛盾问题。前面在关于 GDPR 的分析中已讨论过这个问题，不再赘述。

此外，这里可能还存在一个误解，就像那个困扰我们多年的信息经济学领域的误解一样。在立法过程中，按照线下规则制定的原则，应该是谁经营谁负责，经营语义信息的互联网公司自然应该为语义信息相关的问题负责，但互联网公司经营语义信息的工具是语法信息处理技术，因此很多互联网公司（其实可能不止他们）认为自己就是经营语法信息技术的，只需建立起人与人之间的语法信息连接就好了，无须为额外的（因为语义信息而产生的）安全、信用等问题承担更多责任。比如，有人一度把互联网平台称作基础设施。把语法和语义混在一块的话，确实很难说清楚这个道理。不过，如我们在数字经济部门分类中所谈，互联网信息服务业是站在语用者的角度经营语义信息的（即向用户发送有某种目的含义的信息），只不过使用的生产工具是语法信息处理技术；而通信部门才是经营语法信息的。从这个分类方式出发就应该很好理解了。

谈到数字经济的 3 层分类，我想再多说几句。我们看到，在数字经济规则修订（包括形式上的新制订）问题上，基本都是与第二层——语义信息处理部门（互联网信息服务业为主）有关，与第一层（语法信息处理部门）和第三层（用数字化工具处理各行业专业知识的部门）没什么关系。这是因为数字化带来了人与人之间关系的变化，这种变化集中体现为作为一个语义信息处理中介的互联网信息服务业的兴起，因此也就必然要求对原来线下人与人之间的旧约（规则）进行修订，并且新兴起的互联网信息服务主体自然也是修订中需要增加的主要约束对象。

另外一个和这部分主题没什么关系的问题是（方便起见，就不另找地方插入了），数字经济的第一层和第三层不涉及人与人之间的关系调整（不涉及规则问题），而主要涉及知识处理效率，所以"硬技术"的发展也是这两层的核心问题（个人认为，这也应该是数字经济重点下功夫的地方），也是这两层既鄙视第二层没什么"硬技术"、又羡慕其赚钱太容易的原因。其实也好理解，比如在一些企业里，销售部门比技术和生产部门收入要高，销售部门的核心能力是对语义信息的处理能力（凭三寸不烂之舌说服用户购买也是一门技术含量很高的技术活，不但需要具备了解用户、吸引注意、掌握共识、共情影响等技术，还需要掌握心理影响艺术），而技术和生产部门的核心能力是对产品知识、工艺流程知识等"硬技术"的处理能力。想通了这个，大家能平衡一点了吧，只是分工不同而已。

## 2. 区块链新约的乌托邦实践

区块链的意义不在货币生成上，也不在技术上，而在其形成群体共识进而实现市场化协作的思想上，即如何能在不事先形成对某个虚构对象（或虚构信息，如货币）的共同信念的情况下实现市场化群体协作（或完成交易）的思想，或者说，如何通过（语法）信息技术本身，而非通过对语义信息的先验共识实现社会化协作的思想。

区块链虽然不一定是新约的最终可行形式，但它提出了一个关于新约如何形成的思想。数字化信息世界的新约可能是从数字化网络本身产生的，即先通过对事件的语法信息记录达成语义意义上的共识，以约束线上行动的直接参与者——机器，再延伸到对线下人们行为的约束。

这里所说的机器仍然是作为人的代理的机器，但机器不像人一样会形成信念（夹带了情绪的认知）来相互妥协，机器对语义的确定就是确定，必须无二义性——因此数值意义上的数字是最理想的信息形式，其语义比较简单，就是数字本身，即语法通信无误后语义自然也就达成共识。

区块链中的共识是基于对某个数据的观测和记录，以工作量证明的共识机制为例，其（通过51%节点验证）达成共识的机制有点像科学发现的共识机制（大多数人相信为真即为真），可以看作是对真信息的共识，或者说对真信息不夹带情绪的共同理解（既然不夹带情绪，自然由纯粹理性的机器来完成更为合适），而非对虚构信息的共同信念（夹带了情绪的认知，是人脑的信息计算特点）。这就是机器新约与人类旧约的根本区别之处。

新和旧约的这个区别可能也预示了，人类社会（因人脑对语义信息理解的不同而不得不）采用主动妥协的方式形成共同信念的规则形成过程真的会成为过去。在数字化信息世界中，机器与机器之间可以通过语法信息的完备记录与再现（等同于语义信息的编码与完美解码）达成真正的、理性的共识（而不是像人与人之间必须经过相互妥协才能达成夹带了情绪的共同信念）来形成规则。届时,（从线上延伸到线下）人也需要遵守这种由机器共识形成的规则，因而把人旧有的妥协空间或回旋余地挤压掉，即不再需要由人脑主观裁量了。到那时候，将真正实现"代码成为法律"，人也必须适应那种生活。你能想象和适应那样的生活吗？

关于以上分析，再补充3个相关理解。

第一，如前面所说，机器之间所达成共识的对象类似于被发现的科学知识，其实这种表述还不太准确，应该说是类似于真理。因为这个共识不需要像科学知识的发现那样经过不断的"观察—猜想—证伪"过程向"绝对真理"逐渐逼近，而是一旦大家承认其为共识并将其记录在区块链中，就永远不再更改，或者说，它一旦记录下来就成了"绝对真理"，把大家后退的路完全堵死了。所以，自然也不再需要某个"中心"或第三方再来做什么判定、裁决或救济之类的动作，也不再需要讨论什么信任、信用、诚信之类的问题（在真理的语境中，所有东西都为真，根本没有"假"的容身之地，自然谈不到"信"这个字），因为大家都得在"绝对真理"的约定下无回旋余地地向前推进（逐块推进）。因此，在数字化信息世界中，规则和真理（更不用说科学）有可能合二为一。当然，这只是想象中机器之间达成约定的状态。

第二，区块链机器共识与人类社会规则共同信念在形成机制上的区别，植根于数字化信息世界中数字信息记录权的普罗大众化——区别于书面信息时代书面信息记录权的中心特权化（也可以理解为最终解释权，一直到现在，人类社会仍然如此）。因此，数字化在赋予大众记录权的同时，也是朝着通过线上共同记录达成共识的方向迈出了重要一步，这意味着可能不再需要中心的最终解释权。也许，这个过程就已隐含了数字化共识机制形成的不可逆转性。

可以比较以下两种情景。

情景1：一辆汽车在经过银行门口时撞了人，有张三、李四、王五等几位目击者。现在发生交通纠纷，要由司法机关来断案，可能先调用银行监控视频查看有没有记录，要是有，直接定案就行了，要是没有，再请证人作证，然后根据证人的证词综合判断汽车是不是撞了人。

情景2：一辆汽车在经过银行门口时撞了人，张三、李四、王五在经过银行门口时，分别在自拍、录视频、视频聊天，正好都把事故情景记录下来了，而且还有人发到了朋友圈。如果发生交通纠纷，大家可以不看银行监控记录，只看几个路人的记录就行了。这个记录过程是不是有点像区块链记录的生成过程。只不过大家都是无意识记录，也不需要51%共识授权再进行区块记录，但也正因为无意识，所以也没有像区块链那样的目的性，因而也更真实。在这个过程中，无论是中心化的记录，还是中心化的判定（解释），也许都不再需要了。

因此，在大众记录的时代，即便没有区块链式的有目的记录，人们可能也将生活在一个近乎"真理式"的透明世界中。从另一角度来想，如果你的信息会被很多人无意识地记录下来，并无意识地被识别，那么你的个人信息还有什么保护的必要呢？但记录真实信息的过程并不意味着就解决了语义信息一致理解的问题，因为即使对于同样的信息，不同的人也会有不同的理解，因而它也不必然会提高群体协作效率。

第三，大众化和区块链式的记录方式，会使数字化信息世界的历史不同于人类社会的历史（被批评为只有解释，而非事实）。借助区块链技术，数字化信息世界的历史将以"绝对真理"的方式被记录下来。因此，历史与真理也有可能合二为一。

### 3. 从机—机之约到人—人之约的距离

人类社会群体协作的形成都依赖于对某个虚构信息的共同信念（夹带了情绪的共识），也就是所谓"中心化"的社会组织方式（如货币）。区块链可以通过对真信息的真正共识实现社会协作，是其"去中心化"的力量源泉，也是有些人认为通过技术能够"真正实现民主"的原因。

如果参与者都是机器（或像机器一样精确的人），大家对同一语法信息的含义（语义信息）理解不产生歧义，语法符号可以完美对应其语义含义，则这个机制完全可以运行，即让这个共同理解成为真正的新约。但很遗憾，如前所述，信息的含义是在每个人的脑子里各自计算生成的，语义信息的不对称是永恒存在的，这也是为什么需要形成共同信念才能建立规则实现社会协作，因而对于简单任务（记录下来的语法符号和语义信息较容易对应、不易产生不同理解，如数字表达的货币）来说，这个机制可能容易实现，比如区块链转账汇款。但对于复杂任务来说，只要机器是由人操控的，就很难保证这个机制的有效运行。在这一点上，基于区块链或基于互联网并没有什么本质不同（如青木昌彦所说 ICT 会增加暗默知识的价值），无论是利用互联网还是区块链，人类群体（市场化）协作的范围都将受到语义信息的制约。所以，《区块链革命：比特币底层技术如何改变货币、商业和世界》一书中列举的区块链市场交易的例子，像 Airbnb、Uber，仍然是简单任务的例子（即交易信息比较容易描述且不容易产生歧义），而且也并不能排除因人们理解上的分歧而发生纠纷的风险。

对区块链的现实应用来说，除了效率、能耗、行为惯性、既得利益等种种障碍，仅语义信息与语法符号的分离也会大大限定其在人类社会中的应用场景，再加上存在由于人的因素引起不小于 51% 的算力攻击的可能性，现在只能进行一些乌托邦式的实验。至于以损人不利己、成本过高为理由认为不小于 51% 的算力攻击不会发生的人，可能也应该注意到，因经济以外的考虑而行杀敌一千、自损八百的事从未断绝过。

区块链在现实中的实践影响是从币（coin）开始的。作为区块链典型应用的比特币，相对于区块链的第一次共识（记录共识）而言，可以看作是第二次共识。不过第二次共识又回到了人—人之约的玩法，即参与博弈的各方形成对某个虚构信息（现在就是比特币）的共同信念，所以它已经不像第一次共识那样可能成为真理式的机—机之约。被虚构为具有某种价值的比特币，就像打游戏过关时得到的奖励币。比特币具备了成为货币的语法信息条件，甚至比现有的货币更有优势，比如总量有限的语法符号（币的总量），不可篡改、永不损毁的安全性等。但是，比特币还无法具备成为货币的语义信息条件，即不具备成为人们广泛接受的共同信念的现实条件。所以，它只能在对其有语义共识的有限人群中使用，比如在炒币市场上或用作暗网交易的支付工具，即便用作暗网交易的支付工具，也有被骗的风险，在现实世界中也有少量接受比特币作为支付手段的地方，如柏林 Graefe 街道周围的几个小店，但广泛的应用还缺乏可行性。

### 4. 新旧约的现实选择

由于上述问题，目前关于线上行为的规则约定的形成，一般按照将人类社会现有约定向线上延伸的路线来进行。从另一方面来看，则是按照适合数字化信息世界技术特征的方式对线下规则进行更新。因此，当前适合数字经济治理的规则可以称为"新（的）旧约"，即线上（或新数字技术）形式下的线下规则（或原则）。

比较典型的如脸书发起的 Libra 虚拟加密货币。2020 年发布的 Libra 白皮书 2.0 表示，"我们一直希望 Libra 网络能够补充法定货币而不是与之竞争"，"通过增加单货币稳定币来扩展 Libra 网络"，"每种单货币稳定币都将得到充分的储备金支持，储备金包括现金、现金等价物以及以该货币计价的非常短期的政府证券"，"多货币稳定币 ≈ LBR 将仅仅是 Libra 网络上可用的某些单货币稳定币的数字组合"。此外，"在保持 Libra 主要经济特性的同时，放弃未来向无许可系统的过渡"。实际上就是表示 Libra 接受并服从线下主权货币的法定核心地位（也许是暂且），并为增强这些货币的流通效率和控制力（如预防非法活动、反洗钱等）提供帮助，并且表示未来不追求所谓去中心化的运行结构，事实上它本身就是个新的中心。

Libra 的案例表明，在现实社会中，区块链这种由语法信息技术产生社会共识的机制还不具备现实条件（还无法由机器共识来决定人类共识），目前还是以中心化为主要形态的人类社会共识机制——以旧约为核心。这些区块链的应用基本都是在人类旧约的内核上套了一件区块链新约的外衣。当然，这件外衣也不仅仅是个形式化的东西，它会进一步强化原有旧约的中心化控制力。原本被视为去中心化的理想变成了现实中强化中心化的力量，这个转变比当年的互联网转变更快、效力更强。对此，也是"仁者见仁，智者见智"吧。

##  AI 的道德和伦理

如果说区块链探索的是机—机之约的前奏的话，那么 AI 的道德和伦理问题就是对人—机之约的探讨。

### 1. 道德和伦理

道德和伦理是属于人类精神世界的事物，并不存在于世界 1 和世界 3 中。前者是人类精神世界对事物的心理选择（认同），后者是人类精神世界对行为的选择（决策）。道德和伦理规则也是人们的一种共同信念（大家共同接受的夹带了情绪的认知），因而也属于人们达成社会化协作和组织的规则之一，尽管这些规则不一定记诸纸面。

对于人类而言，伦理与道德应该是互为表里，但并不严格对应的两个事物，所谓"圣人论迹不论心，论心世上无圣人"，即道德只存在于个人内心，无须行为表达，而伦理是表达出来的行为及其所反映出来的内心（认知、情绪和本能混合的结果），一般内心所想远多于外在表现。

道德问题不仅是认知问题，而且是与情绪层密切相关的问题(心理学的命题)。

伦理问题不只是认知问题和情绪问题，还有行为（不但包括由认知和情绪指挥的行为，还包括由愿望和本能指挥的行为）问题。

如果把 AI 作为一件人类精神世界的人造事物（助手）来看，自然可以按照旧约去约束，但这里面也有一些具体问题，后面会讨论。如果 AI 发展出了世界 4，这个问题就不需要由人类来讨论了。现在人们的问题是，对 AI 的未来发展有点拿不准。

## 2. 道德判断和伦理选择

关于道德问题，人们常用"应该或不应该"来表达观点。但"应该或不应该"其实只是问题的一部分，属于道德判断层面，这取决于人们能接收到的信息。外在行为（伦理问题）还包括人们处理信息（量和速度）的问题，体现在以下 3 点。

**第一，不同信息条件下的道德判断**。比如，米兰·昆德拉在《不能承受的生命之轻》中提出的关于俄狄浦斯悲剧的问题。俄狄浦斯在不知道他自己所弑之人是亲生父亲、所娶之人是亲生母亲（没有接收到这个信息）的时候，犯了乱伦大错，记为行为 1；当他知道了（接收到了这个信息），他自戳双眼、自我放逐惩罚了自己，记为行为 2。

从外部观察者的角度来看，米兰·昆德拉的问题可以分为以下几个层次。

情景 1：假如他不知道，他的行为 1 是不道德（或违反伦理）的吗？他该受惩罚吗？

情景 2：进一步，假如他知道了，他的行为 1 是不道德（或违反伦理）的吗？他该受惩罚吗？

情景 3：再深一层，假如他知道了，他的行为 2 是应该的（或道德的）吗？并且这时反转一下问题指向，增加一个对观察者的选择评判——对于行为 2，他应不应该，或值不值得被同情，以及同情他的那个别人是道德的吗？

情景 4：更进一步，假如他不知道，在行为 1 发生、行为 2 没有发生时，他受别人（而不是自己）惩罚是应该的（或道德的）吗？或者说，谁（除了俄狄浦斯自己）可以有惩罚（包括指责在内）他的合理（先不说合法性）权利，即谁有道德合理性？

所以，道德（和与之相关的伦理表现）也有个"逻辑深度"的问题。而这个深度与接收到的信息直接相关。上述情景2和情景3的问题相对容易回答一些，而情景1和情景4的问题则比较难回答。区别在于，情景2和情景3中的信息比较充分，这时人们的伦理选择和道德选择是一致的；而情景1和情景4的信息不充分，则伦理选择未必一定是道德选择的结果。所以，道德判断与能接收到的信息有很大关系。

我们在看这个问题的时候，往往是用"上帝视角"，即假设别人（除了俄狄浦斯自己）或俄狄浦斯自己是"全知（全能）"的上帝，已经掌握了全部信息（如情景2和情景3），然后做出一个道德判断（其符合伦理合理性）。而事实上，"全知"在很多情况下是做不到的。

现实生活中，很多关于道德问题的争吵最后几乎都远离到与认知无关的地方，而仅仅只剩下情绪风暴。

**第二，关于人类道德形成的过程。**这个故事里还隐含了另外一个重要问题，这个问题有关读者。对于以上4种情景中的问题，你是否会得到不同的结论？如果得到了不同结论，那么恭喜你，表示你是一个正常人。但在这个过程中，你能区分出是你的认知系统还是情绪系统在计算吗？

其实，人们关于道德的共同信念，并不仅仅在于对俄狄浦斯乱伦大错的伦理认定（惩罚和指责），更在于对其自罚后的一丝悲悯，以及可能本着不知者无罪信念的某种程度的内心宽赦。有了这丝悲悯和宽赦，人才成为人，而不是动物或机器；有了这丝悲悯和宽赦，人与人之间才有了相互妥协以形成某种共同信念（如共同遵守的道德准则）的可能。因此，这丝悲悯和宽赦而非惩罚和指责，才是米兰·昆德拉反刍的这个悲剧故事的关键。这丝悲悯和宽赦还涉及程度选择的问题，超出某种程度,也许就成了"乡愿"①。

应该不用怀疑的是,这丝悲悯和宽赦之情是一种情绪而非认知。西格蒙德·弗洛伊德(Sigmund Freud)分析了这个问题,他在谈到索福克勒斯的千古悲剧《俄狄浦斯王》对现代观众的影响时说,"能使现代的观众或读者产生与当时希腊人同样的感动,那么唯一可能的解释是,命运的震撼力必定是由于我们心中某种内在的呼声引起的共鸣……在《俄狄浦斯王》的故事里,是可以找到我们的心声的,他的命运之所以会感动我们,是因为我们自己的命运也是同样的可怜。"这应该就是我们之前在情绪信息部分谈过的共情。弗洛伊德在接下来关于另一著名悲剧《哈姆雷特》的分析中,进一步谈到了这种引起悲悯和宽赦的共情心的来源——"自己其实比这弑父娶母的凶手并好不了多少"。弗洛伊德的意思简单说就是,宽恕剧中人其实就是宽恕自己,或者说,是在庆幸自己由于理性之光的关照或其他偶然的幸运而没有堕入原本可能像剧中人那样可怜的命运(共情)后产生的同情。这句话中前面的"共情"是输入信息(接收到的信息)带来的结果,后面的"同情"则是情绪系统经过对输入信息(经过庆幸等情绪)的计算后产生的输出信息(或拟输出结果)。在那1000个观看《哈姆雷特》的观众眼中可能对哈姆雷特有1000种不同理解,但也许其中有990位甚至999位观众都会产生对哈姆雷特可怜命运的共情,这也许就是人类道德规则形成的来源。

道德形成过程大体如上所述,如果把这些交给纯粹理性、没有情感的AI,它能计算出什么结论呢?或者说,会得到符合人类预期的结果吗?或者说,在如果真的发生某种冲突,或者微小到只是某个无心的或偶然的错误出现的时候,它能容得下人,或人能容得下它吗?

这就涉及那个更本源的问题——现在我们关于道德准则的信念是人们经过长期重复博弈达成的某种情绪化的共同理解。

---

① 乡愿指外貌忠诚谨慎,实际上欺世盗名的人,这里指伪善。

我们还是借助三位一体脑信息模型来看，可以理解为是大脑中的3台计算机在协同运行，理性智能系统是主计算机，弗洛伊德称为"自我"，负责理性逻辑计算；愿望/本能系统是边缘计算机，弗洛伊德称为"本我"，负责直觉、本能的计算和指挥人体的行动系统；情绪/情感系统是一台缓冲计算机，弗洛伊德称为"超我"，负责调节主计算机和边缘计算机之间的关系，既避免边缘计算机对外部社会和人际关系的冲撞，也避免主计算机对边缘计算机的过分压迫。如果我们用图灵在《计算机器与智能》一文中谈到的"剥洋葱皮"的方法对弗洛伊德关于道德形成的分析进行一个机械化描述，那么三位一体脑的计算过程可能是这样的：边缘计算机先产生一个原始的动物本能冲动，然后主计算机对边缘计算机进行压制和约束以使人类理性区别于动物本能，接着缓冲计算机对主计算机的压制进行对冲（或补偿）调节以使人类理性更具有柔性（或感情、感性）以适合群体协作，最后形成一个道德判断的计算结果，打个不一定恰当的比方，就好像老天造人时，不仅给了他自私的基因让他的信息能复制流传，给了他坚硬的骨骼让他能自立，还给了他柔软的皮肤、肌肉和脂肪，以便人们能够相互拥抱。以上也只是结合三位一体脑信息模型和弗洛伊德分析形成的一个猜想的计算过程，也许还有更复杂的计算过程（尚不得而知）。事实上，人类道德的形成可能远比以上过程复杂，连人们自己也说不清楚。人类如果拿自己都说不清楚的东西去给AI定个规则，似乎有点太难为AI和自己了。这个过程怎么套用到AI上去仍是个问题。现在的AI与人脑相比，只有一个类似理性智能系统的主计算机，如果是像新约似的机—机之约形成过程所显示的那样，AI所遵循的规则将既不会有动物性，也不会有人的柔性（情绪结果），只会有像"绝对真理"那样的冷冰冰的机器理性，那么这种人类道德规则估计很难套用上去。

可以设想一下，如果人类群体一半有这种柔性（这里谈的柔性与之前谈的道德无关）、一半没有，发生冲突的时候，可能有柔性的那一半很快就被没有柔性的那一半消灭了。当然，结果也有可能反过来，因为有柔性的那一半更容易学会群体团结协作,没有柔性的那一半只能单打独斗(彼此之间都互不相容)。这个设想也未必完全是假设,在人类"占领"地球的过程中,除了智力、语言等,对同胞的同情也是形成人类社会化协作的一个原因。比如尼古拉斯·韦德(Nicholas Wade)提出,达尔文认为人类之所以能达到有机物的顶峰,可能与人类的同情、仁慈和智慧的力量有关,尽管这是达尔文一个有所保留的肯定答案。当然,如果另一半是机器,就不要这样假设了,因为机器之间可能会以"真理"式的共识来协作。

因此,对于 AI 的道德和伦理的讨论而言,更合适的问题是,面对 AI,如果人们想要或者可以构建一个符合道德或伦理规范的问题,那应该构建怎样的问题呢?

第三,在限定信息处理条件下(处理时间有限或超出可计算范围)的伦理选择。

在所谓的快思考替代慢思考的道德实验中,有两种典型的实验情景。一种是无解的道德两难问题,即在理性认知范围内很难做出选择;另一种是有时间限制的决策问题,即不得不在有限时间内做出决策或行动选择。这时就需要愿望和本能系统上场了,由本能或者说直觉来接管计算并做出选择。在前一种情景中,还可以凭借情绪或直觉做出所谓的道德和伦理判断。在后一种情景中,如果连进行所谓道德判断或伦理选择的时间都没有,那可能直接就是本能的行为选择,根本谈不上道德和伦理问题了。

第一种情景是关于两难困境的道德选择问题。托马斯·卡思卡特(Thomas Cathcart)在《电车难题:该不该把胖子推下桥》一书中用案例比较的方式进行了思想实验。他把最早由英国哲学家菲利帕·富特(Philippa Foot)于 1967 年提出的电车难题进行了系列演绎(网上还有很多其他演绎版本),简化一下的话,书中其实重点比较了两种情景。(1)假如你看到一辆急速驶来的电车,前面有两个轨道,电车行驶的轨道上有五个人,另一条轨道上只有一个人。你搬动道岔会决定电车走哪条轨道(导致轨道上的人被压死),那你要不要搬动道岔。(2)假如你站在天桥上,看到有一辆电车正在冲向轨道上的五个人。正好有个胖子站在你身边,你发现他的体重恰好可以挡住电车，不至于撞上那五个人。你是否应该把这个碰巧在旁边的胖子推下去。现在把这两个案子交给全民民意法庭的陪审团来裁决。书中表示，89%的陪审员认为搬动道岔（书中使用的是另外一个改变电车路线的案例的结果，这里不做区分）的人无罪，而只有11%的陪审员认为将胖子推下桥的人无罪。书中提到，很多陪审员其实没有进行道德上的思考，只是凭"感觉"来判断（"感觉"亲手杀人是更大的罪恶），并且指出哲学家们给这种方法起了个高级的名字：伦理直觉主义。

道德判断本身不是我们在这里关注的重点，我们关注的重点是陪审员最后的判断是由大脑的哪部分做出的。书中提出，"功能性磁共振成像（fMRI）已经充分证明，在对某些类型的道德难题做出判断时，人的大脑中负责情感活动的部分要比负责认知活动的部分更为活跃。尤其是当有人受到直接的人身侵犯时（例如摘取他人的器官，或者将人推下桥），这种现象要比发生非直接人身侵犯时更明显（例如搬动道岔，将电车引向另一个轨道，冲向一个陌生人）"，"今天的人类既具有基因和情感上的对于亲手杀人的反感，也具有基因和情感上的对于打破社会禁忌（如亲手杀人）的反感"。

如果我们把上面两段中的"很多陪审员其实没有进行道德上的思考"中的"思考"理解为理性计算，把"伦理直觉主义"和"基因上的反感"理解为边缘计算，把"感觉"和"情感上的反感"理解为缓冲计算，那么，就如我们在看弗洛伊德的哈姆雷特案例时那样，其实这种两难情况下的道德选择也不是由理性智能系统的主计算机最后做出的，至于是由边缘计算机，还是缓冲计算机，或者是这两台计算机（也许主计算机也偶尔参与一下）协调配合计算出的一个输出结果，现在谁也说不准。虽然fMRI的旁证并不能肯定什么，但大体可以猜测，一是与主计算机无关，二是计算结果可能是由缓冲计算机确认的。

卡思卡特还构造了很多辩论场景，让不同的人来辩论关于这些情景中的观点，实际上相当于把人脑中的计算（自我辩论）过程放慢、拉长给大家看，得到的结果就是这个辩论可以无休无止地进行下去，永远得不到一个确定的结论。从这个意义上说，这种道德两难的选择有点像图灵谈的不可计算数或停机时间不可判定的问题（实际上两者是否一样需要请教哲学家和数学家），至少从表现上来看，如果把这样的问题交给数字计算机来处理，那么它会一直计算下去，永不停机而没有结果。如果把这样的问题交给人脑来计算，可以想象的一种情景是，大脑的理性智能系统（主计算机）可能也会一直计算下去而没有结果，或者主计算机也可能在计算中"宕机"（从上面思想实验的结果来看似乎就是这样），从而不得不交给情绪／情感系统（缓冲计算机）或者愿望和本能系统（边缘计算机）来计算，最后凭感觉或者听从内心深处（本能、直觉）的召唤做出判断。但这也只是一种猜测，具体过程尚未可知。

第二种情景是在紧急情况下两难困境的伦理选择。在很多实际情景，尤其是紧急情景中，人们并不像观看千古悲剧或者思考辩论思想实验那样有悠闲充足的时间，由理性智能系统（主计算机）和情绪／情感系统（缓冲计算机）来进行反复、充分的计算。比如，在路上开车时，前车突发事故急停，左边也有行人、右边也有行人时，你该往左还是往右打方向盘，还是根本不改变方向？人在做这种两难选择时，最后的行为选择将取决于愿望和本能系统（边缘计算机），因为从反应速度要求上来说，可能根本来不及（反应时间有限）提交给主计算机和缓冲计算机去做信息加工，最多可能受到点儿缓冲计算机的影响（因为在物理上边缘计算机与之更接近）。在这种情景中，"慢"思考没什么用处（没那么多时间），只能在有限时间内由"快"思考接管决策（选择）权，"快刀斩乱麻"。所以把这种情景看成是物理过程和效率问题更容易理解。

这里需要插一句，上述两种情景中的"快思考"、直觉或本能都并不完全是原本的动物性本能，而是经过了长期学习以及与理性智能系统、情绪／情感系统相互作用后留下的"有某种智慧的"记忆本能。比如，在电影《中南海保镖》的最后，面对飞向女友的子弹，富豪男友选择了躲避，而李连杰饰演的保镖选择了迎面而上，其实就是未经训练（学习）的本能与经过训练（学习）的记忆本能的差别。保镖在安慰富豪时也说明了这一点。在一些观众眼里,富豪的选择也不是不可以被接受,这仍是共情心在起作用,因为假设换了没经训练的自己上去,可能也一样会躲开,当然在女友和其他观众眼里可能未必如此。这也是"仁者见仁,智者见智"的事情。

### 3. 关于AI的道德和伦理问题的构建

上述第二种情景(紧急情景)中的问题如果由 AI 来处理,可能有完全不同的结果,也许会有更优化的结果,因为 AI 的计算能力更强(可处理的信息更多)、计算速度更快。比如小说《庆余年》中最后面对庆帝卫队的漫天箭雨时仍能杀向庆帝本人的生化机器人——五竹,能够完成人类不可能完成的任务;如果换成人,即便是计算和反应能力超强的人,比如电影《英雄》中李连杰饰演的刺客无名,在面对秦王卫队的漫天箭雨时,也只有杀身成仁,根本靠近不了秦王身边。

回过头来看,对人而言,无论第一种情景,还是第二种情景,都不是一个可能通过理性智能计算得出选择结果的伦理问题,而是某个时间点上"碰巧"当值的计算机或算法(假如算法一直在不断自我学习优化过程中)或算法的某条具体计算指令和算力的问题。关于"碰巧"的理解,可以设想一下,比如在做出最后动作决定的一刹那,计算中的机器突然意外断电了。毫无疑问,AI 处理信息和人脑处理信息在算法和算力上都有很大差别,那么基于什么样的评判标准对机器进行伦理评判就是个问题。

赫尔伯特·西蒙提出了有限理性和满意决策理论,认为人在有限注意力、认知或信息处理能力的条件下,在行动选择(决策)时,往往无法追求最优解,而只能追求满意解。对于 AI 来说,何尝不是如此呢?在它当时可以达到的算法复杂度和计算能力之下,是否有可能追求最优解?这个最优解能让人满意吗?

所以,关于 AI 的道德和伦理的问题,实际上有两个方面,一是如何确定道德原则,二是如何确定伦理尺度。这需要先认真思考一下研究方法。是站在外部猜测,还是深入内部观察,或者两者结合?至少,仅仅从人的理性智能系统简单外推到 AI 是不全面和不准确的。

其实,关于 AI 的道德和伦理这个话题本身,也是人们出于对 AI 日渐强大的能力的担心,试图探讨给它套上一个规则枷锁而已。但是,由代码形成的枷锁是否有那么可靠,本身就是一个疑问。就像《三体》里打思想钢印的情景,一个操作符的反转,可能就会把所有事情都反转了。

所以,科幻作家艾萨克·阿西莫夫(Isaac Asimov)提出的"机器人三定律",大概就像个贴在机器人上的符咒,最多抱着信则灵的态度去碰碰运气,但很难具有可操作性。现在也许人们需要赌一下。如果赌 AI 会发展出自我意识,甚至会发展出本我意识,那么也许人类需要从道德的角度出发来碰碰运气,考虑如何发展机器情感(比如加载一个情绪/情感培养程序或开发一个可以做情绪/情感计算的缓冲计算机)以影响 AI 的行为(即人的道德和伦理的延伸),就如科幻电影《我,机器人》中那个具备了情感并帮助了人类的智能机器人的产生。如果赌 AI 不会发展出自我意识,那么从行为的角度出发就行了,问题是如何设定机器计算出的"最优解或令人类满意的解"的标准(这其实是个伪伦理或虚构伦理的问题)。从这两个方面入手,也许可以(近似)视为是关于人—机之约的合适问题。只有这样,人类才可能找到与 AI "安全" 共处的心理条件(即便如此,可能也只是个心理安慰)。现在所谈的保密、安全、透明、可信、鲁棒、问责、公平等 AI 发展的道德原则提议,似乎更像是 AI 的职业或技术操守指南,也许可以对较弱的 AI 设立行为规范,但可能还未触及 AI 的道德和伦理问题的核心。本质上,这些问题仍属于人类的道德伦理范畴——人应该如何开发和使用 AI 技术,而不是 AI 的道德和伦理问题。

## 五 语义信息的安全

在通信(或存储)中,如果语法信息(符号)被约定接收者以外的人或机

（可称为第三方）截获，会带来语法信息的安全问题。实际上，信息安全的最终目的是保证语义信息的安全，即不让第三方获得信息的含义。比如，加密通信在语法信息符号被截获的情况下，如果没有编码规则，第三方也未必能轻易得到语法信息符号中的信息含义（语义信息）。

按照语义信息的定义和算法复杂度理论，对于同样的数据（语法信息符号）或字符串，不同的算法可以得到不同的复杂度，即解读出不同的信息含义。这就意味着：

（1）对于相同的数据（或字符串），算法复杂度更高的人或机器能获得的信息含义更多。面对你得不到信息含义的字符串，其他人（或算法）可能轻易得到信息含义。就像你读不懂的书，别人可能读得懂。

（2）复杂度较低的算法编码生成的字符串容易被复杂度高的算法破解。比如，第二次世界大战时"图灵炸弹"计算机破解德军恩尼格玛密码机编译的密码，就是靠更高的算法复杂度实现的；知识渊博的学者容易看懂学生论文的意思，并能指出其中的错误和不足。

像想象中的量子计算破解现在的数字加密算法，带来的也是语义信息安全问题。区别在于，量子计算是靠升维的强大算力强行破解语义信息，而不是靠算法复杂度的差异来破解。

（3）反之，复杂度较高的算法编码生成的字符串很难被复杂度低的算法破解。比如，很多不具备专业知识的人在看专业人士写的书或听他们谈话时总感觉"不明觉厉"。另外，图灵到布莱切利园之前，英国在那里集中了上万人，虽然每天都能截获大量德军的通信信息（语法信息符号），但很难破解恩尼格玛密码机编译的密码，因而得不到大量语法信息符号中的含义，也就是复杂度低的算法即使拥有庞大算力也未必管用。

这种情景和我们今天所面临的局面多少有点相似之处，我们现在有了大数据，也有了大量算力（超级计算、云计算、边缘计算等），但因为在算法上的突破有限，我们没有得到我们认为的这些大数据里面还应该有的更多的含义,眼下人类破解这个困局的唯一指望仍然是图灵留下的遗产——AI,就像当年英国人指望"图灵炸弹"一样。所以,根本问题还是人脑不够用啊。但我们对 AI 又不大放心,于是转过头来再去寻求更多的数据和更多的算力,"信息已经过量却还想要更多"。

至于有些看不出明显必要(或仅从一些经济考虑出发)的数据流动,似乎出于一种"既然我得不到什么含义,不妨转给其他人,也许他们能得到呢?"的想法。这种想法可能有两方面问题:一是从统计意义上讲,我的脑子不够用,他的脑子就够用吗?就像那一万人破解不了恩尼格玛密码,换另外一万人去就能破解吗?或者,英国人不行,那就共享给美国人,看看他们行不行?二是如果他脑子够用的话,怎么能保证他对我,或者对数据所指对象是"安全"的?

当年研究信息编码(剥离语义处理语法)的香农和研究解码(挖掘语义)的图灵(其实,图灵不只是在布莱切利庄园破解密码、挖掘语义,现在看来,他在思想中构造的会思维的计算机不也是在大数据中挖掘语义吗?),一个改造了世界 3,或者说开创了数字化的世界 3,一个正在创造世界 4。而这一切,仅凭他们两个人的世界 2 就做到了。人和人真是没法比呀。我们现在好像已经没有他们那样的精神"世界",只有"2"了。

(4)算法复杂度较高的一方往往愿意支持数据自由流动,因为他可以用更低的成本获得更多可被加工的数据原材料从而得到更多的信息含义,而不必担心自己流出的数据被他人得到更多的含义。无论是在个体、组织,还是国家之间都是如此。

(5)个人信息对不同的算法也有不同的含义。回顾一下普罗大众无意识记录信息,包括无保护的个人信息被记录的情景。对于记录下来的个人信息,尤其是集中起来的个人信息,你也许可以从中挖掘出一些含义,取得一些经济利益。不过如果有算法复杂度更高的人或机器(从技术发展来看,几乎可以肯定会有),就可以从中挖掘出更多含义,有可能涉及更多的个人安全,甚至社会安全问题,甚至会超出你能得到的那点儿经济利益。现在人们已经在探讨数据交易的问题了,即便具备了交易的合法性,安全问题也是无法避免的。给人类精神世界保留一块"净土",也许人们才更安全。

(6)一旦机器成为人的对手,无论是想保护物理上的个人,还是精神上的个人,都得回到从保护能够识别出个人的语法信息符号开始。因为一旦语法信息符号被机器截获,也就意味着个人信息无可避免地会被识别和追踪。重视个人数据对个人信息安全的含义,也许人类才更安全。

## 小结

当我们已身处数字化信息世界自我膨胀、AI 技术自我优化(也可视为一种进化)的时代,也许该回过头来仔细想想,被数字化分离在外的人,特别是人类精神世界,该如何存在,或者,能如何存在?我们该如何安放原本被称作自己和主体的这个世界?这是我们在谈论数字化信息世界治理时应该放在心上的问题。

也许我们该想想康德的那句话:我们应将人当成目的,而不是手段。如若不然,我们认识自然是为了改造自然,那我们忙着改造自然又是为了什么?难道是为了让人自己"事了拂衣去,深藏身与名"吗?我们难道真的希望出现或存在一个四元世界吗?这样的四元世界会是个稳定结构吗?会不会在人类精神世界消失(或者被归并到世界 1)之后,由世界 1、世界 3、世界 4 组成一个"新三元世界"?我们若不珍惜自己的精神世界,那凭什么指望或要求别人珍惜或在意呢?

# 第四章

## 第二次分离

■ 分析信息

原本打算把数字化语义信息的问题说清楚就结束，不过在此过程中另一个好奇心不由自主地浮现出来——AI 到底能不能实现强人工智能？就像图灵当年问：机器能有思维吗？以及 AI 到底能不能获得意识？这个问题就像盘绕在我脑子里十几年的那个问题"信息不对称到底有没有缓解"一样挥之不去，吸引我继续追溯下去，并得到了一些认识。

AI 是在数理逻辑基础上发展起来的，其思想基础是谓词逻辑计算。虽然 AI 是图灵开始构思的，但需要从维特根斯坦的哲学思想开始，才有可能对上述问题进行讨论，这才是 AI 的哲学起源。应该说，要从维特根斯坦对语言中逻辑和指称进行分离的思想开始。这是不同于香农分离语法信息和语义信息的又一次分离。维特根斯坦在哲学上把逻辑和指称分离开来，图灵在机器（他的思想机器）上把这两者分离开来，乔姆斯基是在语言研究上把这两者分离开来。图灵和乔姆斯基做的分离直接创造了 AI，AI 的实质就是把指称分离后对谓词逻辑进行计算。

## 语言中的指称和逻辑

语言的意义来自其中涉及的名称的意义和逻辑的意义。

### 1. 关于对象、名称、记号和指谓

1921 年出版的维特根斯坦的著作《逻辑哲学论》是对近代哲学产生重大影响的哲学著作，其中对逻辑进行了详尽但精要的论述，创造了逻辑研究领域无人能及的高峰。书中最有名的是前言中的一句话，"凡是可以说的东西都可以说得清楚；对于不能谈论的东西必须保持沉默"。

按照书中的说法，对象是构成世界的事实的元素，"对象构成世界的实体"且"对象是简单的"，我们可以理解为，所谓对象就是相对于观察者（本体）而

言，在客观物理世界里显示出来的东西； 名称是我们发展出来反映事实的逻辑图像的要素，"命题中使用的简单记号称为名称"，"名称是一种初始记号，名称不能用定义来分解"。名称对应着对象，"名称意指对象，对象是名称的指谓"。"对象只能被命名。记号是对象的代表。"或者说，名称和对象之间的对应关系即指谓，其意义就是指谓。按照维特根斯坦的意思，这句话应该反过来说，指谓是名称（记号）所承载的意义由来，"记号是一个符号中可以被感官感知到的东西"，"思想在命题中得到了一种可由感官感知到的表达。我们用命题中的可由感官感知的记号（声音的或书写的记号等）作为可能情况的投影。投影的方法就是思考命题的意义"，"要求简单记号的可能性，就是要求意义的确定性"，"初始记号的指谓可以通过解释来说明"，"只有已经知道这些记号的指谓，才能理解它们"。

## 2．关于指称

关于指称，维特根斯坦在《逻辑哲学论》出版二十多年后问世的《哲学研究》一书中说得很形象。比如，在教师用实指教词的方式教孩子学习词时，"教师指着对象，把孩子的注意力引向这些对象，同时说出一个词来"，"指"和"说出"加在一起不就是"指称"吗？在使用语言时，"一方喊出这些词，另一方则根据这些词而行动"。或者在教导语言时，"教师指着这块石料，学生便说出这个词"。"喊"和"行动"、"指"和"说出"不也是指称吗？因而，维特根斯坦把使用词的过程看作是儿童学习母语时种种游戏中的一种，称之为"语言游戏"，就像马三立说的相声《逗你玩》。所以，维特根斯坦在《哲学研究》中提出的"语言游戏"其实是在说指称，而不再是像《逻辑哲学论》那样谈逻辑。因为他在《逻辑哲学论》出版二十多年后，觉得应该谈谈指称的事了，逻辑的事在《逻辑哲学论》里都已经谈清楚了。因为配得上和逻辑相提并论的也只有指称了，或者说，因为配得上成为逻辑的起点的东西，只有、也只能是最初始的那个简单的

"名"，或者叫作指称的符号，它自然也就成为理解人类如何进行思想（逻辑）思考的界石，维特根斯坦所说的思想或思想表达的界限自然也就由它划出。（遗憾的是，《哲学研究》中文版书后的索引中没有关于"指称"的词条。惭愧的是，我也没有研读过原版。）

从指称这个词的角度来看，汉语还是有优势的，像维特根斯坦讲的"语言游戏"，一个"指"、一个"称"，合在一起就是"指称"，多形象，多清楚。当然，在这个游戏中，他并没有把"指谓"的意思展开，只是说了"所指"的意思。

关于指谓，维特根斯坦说，"初始记号的指谓可以通过解释来说明。解释就是包含初始记号的命题，所以只有已经知道这些记号的指谓，才能理解他们"。"必须向我们解释简单记号（词）的指谓，我们才能理解它们"。在《逻辑哲学论》中文版中，从书后索引看，被维特根斯坦称作"指谓"的单词是 meaning，在整本书中没有出现"指称"一词。在伯特兰·罗素（Bertrand Russel）《逻辑与知识》中收录的《论指称》(*On Denoting*) 一文中提到，"弗雷格①在指称词组中区分了我们可以称之为意义（meaning）和所指（denotation）的两个要素"。参照这些理论，我们可以理解为，"指谓（meaning）"及其动词"mean（意指、意谓）"是向内、向心的，它联系着一个记号和它所承载的从心里产生的意义；"所指（denotation）"及其动词"denote（所指）"是向外、向对象的，它联系着一个记号和它所标记的对象。

有人提出，罗素在《论指称》一文中，把德文的 Sinn 译作"意义（meaning）"，把 Bedeutung 译作"所指（denotation）"。在这个意义上，"指称（reference）"和"指谓（denotation）"也只是同一个德文单词的不同翻译，没有实质区别。我认为这种说法说得不对。

---

① 弗里德里希·路德维希·戈特洛布·弗雷格（德语：Friedrich Ludwig Gottlob Frege），德国数学家、逻辑学家和哲学家。

如果把上述论述都考虑进来,所涉及的术语还是有些混乱。我试着厘清其中涉及的术语和它们之间的关系,如图4-1所示。

图4-1 指称的含义

维特根斯坦的《哲学研究》是一本专门研究"指称"问题的著作。本书所用"指称"这个词,也沿用了弗雷格、罗素(以及维特根斯坦认同)的意思,首先包括 meaning 和 denotation 两个意思在里面。从维特根斯坦认同的意思来看,在"指称"中他更在意的不是"denotation(所指)"的那部分,而是"meaning(指谓)"的那部分,还有他说不清楚的那部分,即一个完全的"指称(reference)"包括"所指(denotation)""指谓(meaning)"和说不清楚的那部分(无法描述也没有命名,我们暂且称之为"无名"),这部分对应图4-1中对象和心里的东西之间的心理、生物机能联系。由于维特根斯坦在《逻辑哲学论》里其实已经认为(尽管没明说)"指谓"和"无名"是"不可说"并"应该保持沉默"的那部分,所以他在《哲学研究》里用开玩笑的方式说,他就是做做语言游戏(所指),即他只研究"所指"的那部分,不是研究"不可说"的那部分,而"所指"的这部分是可说的,就是个语言和行动组成的游戏嘛。所以,前面讲的语言游戏里的那个"指称"其实只是展示给世人看的"所指",而不是"指称"的全部,他是把"不可说"的部分(指谓和无名)藏在了"指称"这个词(即"所指"这个游戏动作)的背后,看似在做语言游戏,其实是"想"并且"在"探究"指称"后面的东西。在指称的后面,无名是神秘所在,肯定不是逻辑,但不能排除偶然;指谓则充满了偶然,指谓可以排除逻辑,但不能排除神秘。不过,他的这些认识并不为人所理解,岁素就说他是在搞神秘主义。以上是我的个人理解,后面会再解释。

如果我们再放到波普尔的参照系里看看图 4-1 中各部分的归属，如图 4-2 所示。

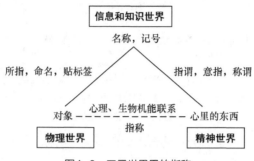

图4-2　三元世界里的指称

这样看，情况是不是更清楚些。《逻辑哲学论》里的"世界"对应波普尔的物理世界。物理世界（世界1）与信息和知识世界（世界3）是镜像关系，最简单的对象与图像之间的关系即为"简单记号是对象的图像要素"，组合起来则为"事实的逻辑图像是思想"（思想也可以理解为知识或信息，看它是记录在那儿，还是在流动传播）。放到数字化时代，虚拟现实、数字孪生不都是这种镜像关系吗？

维特根斯坦说，"我们给我们自己建造事实的图像"，"事实要成为图像，它和被图示者必须有某种共同的东西"，"在图像和图示者中必须有某种统一的东西，因此前者才能是后者的图像"。罗素在《逻辑哲学论》的导言里对此评价道，"在语句的结构和事实的结构之间必须有某种共同的东西，这也许是维特根斯坦先生的理论中最根本的主题"，"那种必定是语句和事实之间的共同的东西本身反过来是不能在语言中被说出来的"，"它只能被显示，而不能被说出"。从图 4-2 来看，维特根斯坦说的这种"共同的东西"应该是"心里的东西"，"心里的东西"产生出"意义"（联系到对象一侧即为"意义"，联系到记号一侧即为"语义"）。既然维特根斯坦称"建造事实的图像"，那么这个"心里的东西"应该像是一面镜子——这面镜子的两面分别是生理、心理感受（"无名"）

和思想（信息）的表达（"指谓"）。这不禁让人想起老子说的，"无名，天地之始；有名，万物之母"（老子这句话还有另外的断句方式：无，名天地之始；有，名万物之母）。维特根斯坦在《逻辑哲学论》的前言中明明白白地说了，这本书就是想要为思想的"表达"划一个界限。因此，镜子的思想（信息）表达出来的这一面就是《逻辑哲学论》这本书的界限，而另一面则是他所说的"不能谈论的东西"——如果说明白点，"不能谈论的东西"可能就是人的生理、心理感受形成心理上的意义，以及它们联系于语义的过程。之所以说"可能"，是因为每个人对此都有不同的理解，而维特根斯坦本人没有解释过。韩林合教授认为这个不可言说的领域为，"他的形而上主体所沉浸于其中的神秘体验之域"。

如果我们用图灵说的"剥洋葱皮"的办法把这个镜子成像的过程再剥一层，可以得到图4-3。对象和心里的镜子（背面）之间的信息传递载体就是培根所说的上帝创造出来的第一件东西——感觉之光，名称、记号和心里的镜子（正面）之间的信息传递载体就是培根所说的上帝创造出来的最后一件东西——理性之光。这面镜子由大脑中的3台计算机——主计算机、缓冲计算机和边缘计算机共同组成。镜子的正面是由主计算机的运行（也有与缓冲计算机、边缘计算机的互动）发出和接收理性之光的信号，镜子的背面是由主计算机、边缘计算机和缓冲计算机协同运行发出和接收感性之光（我们用这个词代替感觉之光）的信号。在指谓的形成上，依附于理性之光的过程是偶然的。在无名的形成上，依附于感性之光的过程是神秘的。同时，感性之光和理性之光这两种完全不同的载体在镜子的两面——主计算机和缓冲/边缘计算机之间如何切换也是神秘的，或者说这是更神秘的过程。至于感性之光和理性之光这两个词，也是个形容的说法，不是自然科学上的说法，它们究竟是生物电、神经递质或是什么其他自然信号，生理学、神经科学等学科也许有解释。图4-2中的那条虚线应该也可以改为实线了。这就是我对维特根斯坦"不可说"的最详细解读。

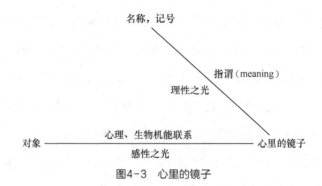

图4-3 心里的镜子

说到这里,我觉得应该可以打破被罗素视为神秘主义的论调了。维特根斯坦关心的这个部分确实是神秘的,但不是神秘主义。罗素之所以说它是神秘主义,是因为他根本不相信或不承认这个部分的存在,他认为"这个不能说的主体是存在的"只是维特根斯坦一厢情愿的个人主张,甚至是臆想。但从物理的角度来推测,我觉得现在应该能够相信,它在物理上是存在的,尽管目前还没有物理方法来证明这一点。所以,从维特根斯坦的角度看,不是罗素不相信或不承认,而是他根本不理解、想不到这一层。

这样一来,我们就有必要把指谓和意义这两个词再区分一下了。指谓其实应该是语义、指义或内涵,即用以表示对象的符号在心里的镜子中的意思。无名的那部分才应该被叫作意义、含义,即对象通过感性之光在心里的镜子上产生的意义,这个与心理、生物机能联系的部分,如图4-4所示。

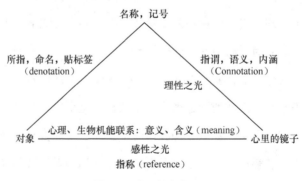

图4-4 指称的完整含义

我想，这样才算是把指称这个问题完整地表达清楚。当然，这仍然只是显示这个问题，而不是"说"、解释或回答这个问题——意义究竟是怎么产生的。

当然，图形的画法在某种程度上也会给人不同的暗示。所以，图 4-4 也可以画成不同的形式，例如图 4-5 和图 4-6。

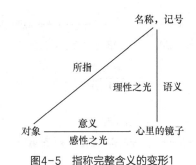

图4-5　指称完整含义的变形1

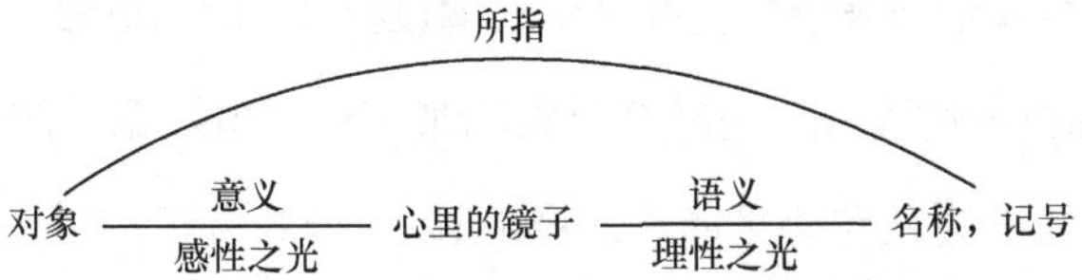

图4-6　指称完整含义的变形2

在上面这些图里，对象和心里的镜子、心里的镜子和记号之间都有信号载体传送信息，但在记号和对象之间则只是人的精神世界以外存在的一个动作，即用声音或文字给对象命名或贴上一个标签，没有直接的信息传送，当然这个动作不是自动发生的，是受精神世界中那两个过程——感性之光承载的意义形成过程和理性之光承载的语义形成过程支配的，即波普尔所说的人类精神世界在世界 1 和世界 3 之间的中介作用。这是过去的情况。

到了数字化信息时代，情况变了，对于对象的自动观测和数据的自动采集大量发生，赛博物理系统（CPS）正在快速发展，对象和记号之间正在通过数字信号建立不再需要（至少不是每次都需要）通过心里的镜子才能建立起来的关系，心里的镜子的信息传送作用或中介作用不再每次都被需要。这就是我们前面说过的精神世界会不会被短路掉的问题，如图4-7和图4-8所示。

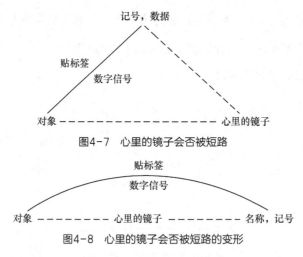

图4-7　心里的镜子会否被短路

图4-8　心里的镜子会否被短路的变形

这个看起来像是自动观测数据或数据自动采集的过程现在已建立起直接的信息关系，主要由数字信号来承载。在这个自动过程中，所指或命名的动作已无关紧要，就是个贴标签的过程——把某个对象和某个记号或数据对应起来。因为这个过程不通过意义形成过程和语义形成过程，所以我们经常说，并且心里也这么认为，数据本身是没有意义的东西，因为确实如此。所以，现在再说指称问题可能就是这个简单的贴标签的问题了。这个问题不是本章（本书）的重点，留待以后再讨论。

## 3．关于"说"和"读"

从维特根斯坦的角度来看，"说（say）"就是"解释（explain）"，是思想者（信息发送者）在语言（信息）产生时对其所发出的语音（一种记号，或所记的语法符号）中包含的语义的解释，这个思想贯穿于他的整个《逻辑哲学论》中，把书中任何一处"说"替换为"解释"（或反之）都是可以的，比如，"能显示的东西，不能说出来"，"命题显示它们所说的东西，重言式和矛盾式则显示它们什么也没有说"，"若解答不可说，其问题也就不可说"，以及最后那句名言"对于不可说的东西我们必须保持沉默"，等等。这正如同我们之前说的"读者（reader）也是解读者

（explainer）"的意思，只不过"读"是信息接收者在接收到信息时对语义的解释。维特根斯坦在《哲学研究》的第 156～171 条专门对"读"进行了大量篇幅的论述，他把"读"说成是"心智的一种特殊的意识活动"。对比之下，指称中的"称"可以理解为只是一个记号的发音，既不是"说"，也不是"读"，它本身不用解释。

在常说的"听说读写"中，"说"和"写"是信息发送者对发送信息的解释，"听"和"读"是信息接收者对接收信息的解释或理解。比如，对于语言信息，是一个人"说"一个人"听"；对于文字信息，则是一个人"写"一个人"读"。相比之下，"听"和"读"是信息接收，主要用来理解和解释接收到的信息，更多的是逻辑处理能力（逻辑性的创造）的体现，不需要非逻辑的创造；"说"和"写"（还包括相声四门功课、音乐、绘画、雕刻等艺术表达）则是信息发送，除了逻辑处理能力（或逻辑性的创造），还有人的灵性创造（也叫非逻辑性的创造）在里面，这种非逻辑性的创造才能体现人的智慧。现在 AI 在说话、写诗、作文、作曲等方面也有很大进展，但这种机器智能根本上还是基于逻辑性的创造。所以，在这个意义上，关于机器智能的讨论，就像英国数学家安德鲁·霍奇斯（Andrew Hodges）所说的——看我们怎么定义"智能"这个词。如果定义为逻辑的思维，那么机器毫无疑问会超过人；如果定义为逻辑的思维和非逻辑的思维的点和，那么机器可能永远不会像人一样思维。

例如，2020 年，中文歌《一剪梅》的歌词"雪花飘飘，北风萧萧"在西方网络上广为流行，这首近 40 年前在中国流行的老歌中的一句中文歌词为什么会受到很多根本不会说也根本不懂汉语的西方网友的追捧，他们甚至学会了怎么唱这一句，是个在逻辑上很难解释的事情。只能说，这句歌词（包括声音和含义）可能恰好契合了西方网友当下的心境，引起了西方网友心里非逻辑部分的共鸣。

## 4. 关于"不可说"

"对于不可说的东西我们必须保持沉默"被看作是维特根斯坦对逻辑边界的看

法。究竟什么是维特根斯坦认为的"不可说"的东西,他在两本书里都没有明说过,前面我们略谈了一下。他只说"确实有不可说的东西。它们显示自己,它们是神秘的东西",在《逻辑哲学论》里只明确提到,"伦理是不可说的""作为伦理主体的意志是不可说的"。但伦理应该不是"不可说"的神秘之物的全部,因为维特根斯坦最后也说道,"一旦有人想说某种形而上学的东西时,立刻就向他指明,他没有给他的命题中的某些记号以指谓",结合前面引述的韩林合教授的观点,他所认为的"不可说"的东西就是人的生理、心理感受或神秘体验形成心理上的意义,并联系于语义的过程,但维特根斯坦可能认为这个过程很难思考或很难表达,而"指谓"或者范围更大一点的"指称"一词可能可以用作讨论这个过程的一个"显示"(或概念代理)。或者说,他是用"指称"一词来表示他想探寻的神秘体验之域(神秘之地、神秘之境)的"入口","指称"这个"入口"后面的东西是"不可说"的东西。所以,我认为,《哲学研究》第一段以指称问题开头,就是他想研究"不可说"的东西的标志。本书以下都用"指称"代替"指谓",以把"所指"也包含在内。

指称后面的东西究竟因何不能思考、不可说,维特根斯坦在《哲学研究》里显示了出来,后面会再谈。佛也曾经说过六句"不可说";禅宗史上,文益禅师在回答"如何是第一义"时答曰"我向尔道即第二义",隐含的意思就是"第一义不可说";《道德经》中的"名可名,非常名"说的就是"名"(指称)。这些应该都有类似的含义在里面吧。如果他们说的是同一个问题,那么指称后面的东西应该就是"不可说"的"第一义"了。我们这里所说的"无名"大概可以对应佛说的"空"和老子说的"无"。

## 5. 指称和逻辑

罗素在《论指称》一文中仍然是用逻辑的方法来研究指称问题,所以他在里面一直绕圈子出不来。而维特根斯坦意识到了指称的问题不是逻辑问题,于逻辑而言,指称只是一个没有意义的符号,然而,更重要的是,于指谓而言,指称联系于语义，以及语义背后的意义，这种联系才是神秘的根本问题，这个神秘部分无法用逻辑的方法来理解，因而必须把指称问题与逻辑问题区分开来。维特根斯坦说，"在逻辑句法中，记号的指谓绝不应起任何作用。逻辑句法应该无须提到记号的指谓而建立起来；它仅仅以表达式的描述为前提。根据这一见解我们回过来看罗素的'类型论'：罗素的错误显然在于，他在建立记号的规则时必须提到记号的指谓"。对指称与逻辑之间的这个区别的意识，成了维特根斯坦把指称和逻辑进行分离的起点。

## 6．老子的看法

如果用老子的话来说，指称就是"道生一"，逻辑就是之后的"一生二，二生三，三生万物"。"道"既可以理解为大道、天道，也可以理解为"称"、"道出"（用嘴发出一个音来）。如果像格林伯格所说的那样，有个人竖起一根食指称（道出）"1"（发音"tik"），那么指称"1"的这个意思就是普天下公认的"一个"的含义，按照格林伯格说的，这在欧亚大陆早期很多人心里理解的意思一样，很容易就形成了共识。这样理解的"道生一"就是维特根斯坦所说的指称，应该未必都是偶然吧。这样理解起来，《道德经》的这句话也就不显得那么玄妙了。此外，"道生一"也可以看作是池田信夫所说的"原始的（第0次）数码化"，然后直到70多年前的"第一次数码化"把记号数字化，"第二次数码化"把逻辑数字化。

但是，老子还说了，"天下万物生于有，有生于无"，等于又把问题还到了虚无之中，其实也是"不可说"的意思，从老子这儿可能弄不清楚我们想追寻的"意义（语义）"是如何产生的了。而维特根斯坦并没有放弃，他在《哲学研究》里又做了尝试和努力。

## 7．完全语义

指称和逻辑这两个部分加起来，就可构成完全的语言或完全的语义，及其背后对应的意义。

分析信息 香农、维特根斯坦、图灵和乔姆斯基对信息的两次分离

## 二 逻辑和指称的分离

### 1. 维特根斯坦做的分离

如果说，是香农实现了语法信息和语义信息的分离，并可以称之为信息的第一次分离的话，那么，就是由维特根斯坦提出了指称和逻辑分离的哲学思想，并可以称之为信息的第二次分离。尽管他自己没有这样说过，但事实上，他在《逻辑哲学论》里是先把指称放在一边了，只研究逻辑问题，隐含了将指称（后面的东西）当作"不可说"的神秘之物的意思。

虽然维特根斯坦在《逻辑哲学论》里实践了把逻辑和指称分离，并把指称先放在一边的思想，但他应该会认为《逻辑哲学论》中没有说出的（或"不可说"的）东西比书中说出的东西更重要，所以他后来才又在《哲学研究》中专门研究了他此前认为"不可说"的东西——指称后面的东西。在这一点上，后来乔姆斯基的研究经历——先研究句法结构、再花几十年时间尝试把语义加回到句法结构中的过程，和他有一点点像。

### 2. 图灵做的分离

虽然至少从莱布尼茨、乔治·布尔（George Boole）、弗雷格、罗素、阿尔弗雷德·诺斯·怀特海（Alfred North Whitehead）就开始构建逻辑与数学之间的关系——数理逻辑了，但把逻辑计算交给机器去做，以及让机器代替人去思考的思想是从图灵开始的，因此对应我们讨论的主题，基于机器实现的这个分离我还是从图灵开始算起。从哲学关系来看，图灵与维特根斯坦的思想可能有比大家一般认为的更紧密的联系，而不仅仅是大家了解的两人在剑桥期间关于数学基础问题的争论。从《艾伦·图灵传》来看，图灵把指称和逻辑分离的想法应该与维特根斯坦有一定关系，作者安德鲁·霍奇斯（Andrew Hodges）说图灵在论文《数学

记法的改革》中写道,"要把类型理论转化为一种形式,使数学家不必学习符号逻辑就能使用。下面对类型原理的描述是由维特根斯坦在讲座中给出的,但其中的缺陷并不是由他造成的。自然语言中既有名词也有谓词,因此类型原理可以有效地用自然语言来描述……类型理论就是避免我们使用'东西'这样的名词,避免导致'任何东西'这样的问题"。

霍奇斯在书中还提到,把数学的名词与谓词分开,是基于阿隆佐·丘奇(Alonzo Church)的工作,以两人名字命名的丘奇—图灵论题认为图灵机就是逻辑计算能力最强的机器。但图灵机仅仅是计算数值的机器,不是思考的机器,它就是机器算力。就像图灵在《计算机器与智能》一文中反驳来自数学界的异议时所说的,这种机器只能回答"是"或"否"的问题。真正能够思考的机器是图灵在这篇文章中才构造(构思)出来的,这个会思考的机器实质上是它能够用逻辑方法反推出语义,而不仅仅是计算数值,正因为如此,这台机器才表现为"智能",当然,它能推算出的也仅仅是语义而不是意义(后面再讨论)。因此,这个智能机器才是机器的算法而不仅仅是算力。之所以在前面那串哲学家和数学家的名字中没写另一位重要人物数学家库尔特·哥德尔(Kurt Gödel),是因为哥德尔的工作只与算力有关,与算法无关。正如霍奇斯在《艾伦·图灵传》中所写,"哥德尔定理和图灵的结论,是关于机器的正确性(不出错),而不是机器智能"。

如果把查尔斯·巴贝奇(Charles Babbage)的分析机作为机器计算的起源的话,图灵在《论可计算数及其在判定性问题上的应用》一文中提出的图灵机(文中并没有使用"图灵机"这个名字,而是说"计算机器",图灵机是后人给的称呼)就是机器计算(算力)的一个发展,而《计算机器与智能》中提出的图灵测试(同样,这个词也是后人给的称呼)则是机器智能(算法)的起源。其差别就在于通过机器算力只能做数学逻辑的推演,最多得到推理出的逻辑语义,而图灵希望通过机器的逻辑算法进行学习反推得到(指称)语义。这个想法才是机器智能的起源,用图灵自己的话来说,希望学习机器可以像原子反应堆一样,达到一种"超临界"状态，从而独立地创造出比已有想法更多的想法。当然，图灵也使用了先把指称从逻辑中分离出去的办法，但他并不是把指称分离出去之后就像图灵机那样只进行逻辑推演，而是通过逻辑推演（机器学习）反推出指称语义，这是一种和人类智能完全不同的获得语义的方式。

图灵在《计算机器与智能》一文的第一部分"模拟游戏"中，把"机器能思维吗？"这个问题转换成"如果在游戏中用一台机器来取代A，将会发生什么？"，其实就是一个把指称和逻辑分离开的过程。

"机器能思维吗？"其实是"机器能像人一样思考吗？"这个问题的省略说法，它是在完全语义的意义上问的，即不预设语境、完全由人来判断语境并选择指称后，再进行逻辑推理（计算）。而转换为"如果在游戏中用一台机器来取代A，将会发生什么？"这个问题时，实际上就已经确定了语境，因而也确定了指称的意义，剩下的就只是（谓词）逻辑演算部分了。所以，两个问题的差别就在于"如果在游戏中"这个条件是否存在，正是这个条件的提出，形成了指称和逻辑的分离。图灵并非在做文字游戏，只是可能在他那个年代还无法清晰地认识并表达出这个分离过程而已。

但是，图灵自己并非没有意识到他所做的这种分离存在的逻辑上的"硬伤"（因为他知道自己所做的转换其实是"偷梁换柱"）。为了弥补这个"硬伤"，他在论文后面的部分反反复复从各个角度讨论（主要是以回答各方质疑的形式）的都是同一个问题，"机器能获得意识吗？"实际上他是在尝试回答，机器的思维是否能够真的（或完全）"像人一样"？在论文一开始的"机器能思维吗？"这个问题里，图灵就把"像人一样"这个条件给省略了，但省略并不代表他忘了，而很可能是他为了减小问题转换难度而故意没说。所以，他的论证或回答不只是想说服别人，可能更想说服他自己。

## 3．图灵与维特根斯坦所做分离的比较

图灵的"模拟游戏"是在谈逻辑，而维特根斯坦的"语言游戏"是在谈指称。

尽管都是游戏，但主题是完全正交的。

关于"机器能思维吗？"这个问题，维特根斯坦在《哲学研究》里曾经论及，"机器能思维吗？——它能感到痛吗？——那么，人体能被称为这样的一台机器吗？它的确极有可能被称为这么一台机器"。"但是机器肯定不能思想！——这是一个经验陈述吗？不。我们只说人以及与人相似的东西才能思维。我们也说玩具娃娃能思维，并且无疑地说精灵能思维。请把'思维'这个词看作一种工具。"

按照维特根斯坦的看法，"逻辑先于有关'如何'的问题，而不先于有关'什么'的问题"。所以，AI 得先确定了初始的"什么"是"什么"，比如是 ABC、路人甲还是张三之后，才能开始逻辑计算工作，解决"如何"或进一步推理出下一个"是什么"的问题。

所以，在维特根斯坦的认识里，机器要是能思维的话，应该是参考人的思维方式形成的，因为机器不可能具有像人形成思维所需的生物机能和心理条件，因而不可能真的形成（像人一样的）思维。按照这样的认识，如果要问"机器是否真的能够'像人一样'思维？"这个问题之前，应该先问"机器能获得完全的语义吗？"因为从我们现在能够理解的人类智能来看，获得自我意识应该是在获得完全语义之后的事情，所以推论机器要想获得意识并能够真正像人一样思维，应该也是在机器获得完全语义之后的事情。其实，这个说法仍不够准确，更准确的说法是，"机器能够获得完全语义及其背后的意义吗？"显然，图灵不同意这样的看法，他可能认为获得完全语义并非一个先决条件，机器是否能获得意识也不是评判机器是否智能（机器是否能思维）的先决条件，逻辑推理可以使机器获得完全语义。我们是应该说维特根斯坦太不懂科学和数学、跟不上时代了，还是应该说图灵太年轻、太不懂哲学的奥秘呢？

关于这一点的争论，霍奇斯在《艾伦·图灵传》里也说过其他的场景可作为旁证，"……任何科学都存在于人的思维之中，如果人类不给它赋予特定的语义，那么它就没有任何意义。波普尔也持有类似的观点，他在 1950 年说，计算机必须依靠人类的大脑才能具有能力，而人类的大脑则可以凭空产生真理。波普尔和波兰尼[①]都认为，人类有着无可替代的使命，而科学正是因此而存在……哲学家多萝西·艾米特（Dorothy Emmet）说，'最关键的区别是，机器似乎没有意识'。这样的说法显然不能说服图灵"。（对于其中语义和意义之间的关系，我们有不同的看法，后面再说。）

霍奇斯在《艾伦·图灵传》里还说到，"图灵自己心里非常清楚，他搞乱了科学与宗教的传统界线，这也正是'无意识的机器'和'高等人类智能'之间的界线。按照他的想法，这条界线根本不存在"。也许在他看来，维特根斯坦关于"不可说"的指称也是这种根本不存在的界线。霍奇斯还说到，"图灵没有考虑到这一点：对话是一种交互，而不是在内部处理符号。语言可以改变世界，这种改变取决于语言的意义。'意义'这个词，被波兰尼引申到超自然的宗教观，但图灵认为，大脑与外界的联系，本质上和电传打字机没有什么区别，这事没有什么超自然可言"。从这一点来看，图灵并没有明确区分意义和语义这两样东西，事实上，不只是图灵，很多人都没有区分。图灵在《计算机器与智能》一文中反驳知名脑外科医生杰弗里·杰斐逊（Geoffrey Jefferson）的问题时，含糊了杰斐逊对机器是否会有情感的质疑，直接跳过这个质疑去谈意识问题，其实他谈的是意识的表现而不是意识本身，即图灵无法否认意识的神秘之处，只好先把它挂了起来。我认为，这个问题也是图灵在回应9个方面的质疑中唯一一个没有表现得很有把握的问题。霍奇斯的评价更准确，"杰斐逊想要的体会，并不是应试技巧，而是文字与世界、与内心经历之间的一种发自内心的共鸣，但是这种共鸣，不是离散状态机所能体会的……说明人类说话时，往往并非受限于智力，而是受限于经历。然而，图灵在论文中没有进一步讨论这些"。图灵承认，机器虽然有可能获得完全语义（比如，图灵认为完全可以使机器发展出品尝草莓冰激凌的能力），但却不可能获得情感（比如，图灵也承认"人和机器之间很难产生人与人之间的那种友谊"）。所以，

---

[①] 迈克尔·波兰尼（Michael Polanyi），英籍犹太裔物理化学家和哲学家。

其实图灵也很清楚机器智能的边界，只不过那时候他并不认为意识的获得会与情感有什么关系，认为获得完全语义就够了。后面我们会谈到，获得完全语义并不足以产生意识，自我意识的获得可能是情感计算产生意义之后的结果。当然，对于意义、语义、意识这几个关键问题的看法及其间的关系，大家也是仁者见仁、智者见智。

霍奇斯在《艾伦·图灵传》里说到，"没有生命能有智能吗？没有交互能有心灵吗？没有意识能有语言吗？没有经验能有思维吗？这些问题，曾经也令维特根斯坦感到困惑。语言究竟是一种符号游戏，还是必须与现实生活有联系？对于象棋、数学和其他任何纯符号问题来说，图灵的理由很充分、很有力，但如果扩展到所有的人类交互，那么这其中的问题，在这篇论文中连提都没提，更别说解决了。实际上，在图灵1948年的报告中，这种'脱离身体的大脑'的活动，就已经被限制到了'无须感觉和运动'的范围"。从这段话可以看出，在生命与智能、意识与语言（意义与语义）、体验与思维这些基本问题上，维特根斯坦应该已有深刻的思考，图灵可能是有所感觉，因而持比较慎重的态度，并因此对机器智能的边界有所把握。

图灵虽然跨过了语言在人脑智能形成中的作用，但很重视人类生物机体在智能形成中的作用，他对大脑结构的逻辑层与物理层之间的联系很感兴趣，可能他认为不经过哲学、心理学，也可以直接从人类生物机体与智能形成的关系上来研究机器如何获得像人一样的智能的问题。

之所以有以上这些差别，可能因为图灵是个有哲学思考的数学家、科学家，还带有工程师的气质，而不是纯粹的哲学家，而维特根斯坦是纯粹的哲学家，或者说是对数学有些研究的哲学家，但不是科学家或工程师，所以两个人思考问题的方式和路线不一样。

## 4．乔姆斯基做的分离

乔姆斯基建立转换—生成语法理论时采用了马尔可夫模型的数学方法，从统计学的角度对语言结构进行类型归纳，其开创性的论文《语言描写的三个模型》于 1956 年发表在《信息论杂志》上，从这篇论文及其参考文献看，应该是借鉴了香农把语法信息和语义信息分离开的思想。

虽然看起来像是类似香农分离信息的形式，但我认为实质上乔姆斯基做的事是实现了指称和逻辑的分离，虽然连他自己也不一定这么认为（我只能说，这是我作为读者拥有的解读作品的权利）。因为他一开始就把指称排除在外，只研究了句子的结构，也就是逻辑问题。关于分离指称的直接论据，就是他的研究——从早期的生成语法到后来的最简方案——都需要先有个词库，也就是像图灵那样先把指称的意义确定下来，再分析句子的结构。并且他在论文中说到，这种关于语言结构的观点可以对语言的使用与理解提供相当大的洞察力（悟性），这就又回到了语言与人的精神世界（心智）相关的方面——意义方面，而不仅仅是单纯研究语言的逻辑结构。

之所以说乔姆斯基做的事本质上不像香农，是因为香农是不关心信息的心智意义（语义）及其与逻辑的关联这类问题的，这些问题完全都被香农分离在外。所以，在本质上，乔姆斯基对语言做的分离是指称和逻辑的分离。

当然，把乔姆斯基的贡献和香农的第一次分离归到一起也不是不行，可以得出与本书观点不同的另外的解读，并不影响总体的认识。这两次分离的区别在于把分离的那条线划在哪个位置。

## 5．乔姆斯基和维特根斯坦所做分离的比较

维特根斯坦是在语言最简单、最原始的颗粒度上进行观察，把词的指称和逻辑分离开来。乔姆斯基是在句子的颗粒度上进行观察，先把指称排除（借用词库确定）后，看看剩下的句子的逻辑结构可以进行何种变化，即转换—生成语法。

或者说，维特根斯坦一直想看看能不能"说"清楚"词"（指称）的意思是如何产生的，而乔姆斯基只说了"句子"的意思是如何产生的，但形成句子前的

"词"的意思还得靠事先给定的"词库"。乔姆斯基做的事情就像维特根斯坦说的这句话,"人有能力构造语言,可以用它表达任何意义,而无须想到每一个词怎样具有指谓和指谓的是什么",乔姆斯基只是证明了人是如何能具备这种能力的。

但维特根斯坦在《哲学研究》中是想弄清楚上面提到的"每一个词怎样具有指谓和指谓的是什么"这件事到底是怎么实现的,为此他还在剑桥开了《数学基础》的课,但似乎也没教出和研究出什么名堂,《哲学研究》中最后提出发展"数学基础"的那段话正是他发现自己无法完成这个任务,但又痴心不改地提出了一个可供后人参考的想法。哪知道后人压根没把他的话当回事,或者说,根本没人读懂他想说什么,也就根本没人再关心他没能解决的这个最神秘的问题——"每一个词怎样具有指谓和指谓的是什么",只是照他说的"无须想到"这个词组去做了——所以也就根本没人去想了。不过,似乎也不必太过苛责后人断章取义,因为他还说过"凡是能思考的东西都能清楚地思考。凡可以说的东西都可以清楚地说出来","我们不能思考我们所不能思考的东西,因此我们也不能说我们所不能思考的东西",连他自己都思考不清楚、说不清楚的东西,别人恐怕更做不到了,所以干脆别在这上面费脑子了。

打个比方。乔姆斯基研究的是儿童如何能很快理解"妈妈在那儿"这句话的意思(语义),而维特根斯坦关心的是"妈妈""在""那儿"这些指称是如何形成的,以及其意义是如何产生的。比如"妈妈"这个指称,还可以区分出两个环节:一是指着某个人说"妈妈"(称),儿童就会去看那个人(指),也就是"语言游戏",这个关系儿童是如何学会建立的;二是"妈妈"这个称谓对儿童意味着什么(指称的意义),至少儿童应该得到"有奶水吃、有怀抱可以钻、有在出生前就习惯的心跳声可以听、温暖、柔和等等"这些他的本能或情绪系统能够接收到并能储存在他的记忆里的信息。前面的"指"和"称"通过训练学习(语言游戏)儿童应该很快就能学会,最难的、最说不清楚的是第二点——这个称谓对儿童意味着什么,这完全是个人心理的东西,不是能用逻辑来分析的问题,指称则是把这个产生于心理的意义和显示于可用作逻辑处理的名称（符号）连接起来。如何形成这种连接，才是我们面对的终极问题。能否为这种指称意义的产生建立一个可以进行分析或者可以进行逻辑分析的方法，再来分析其中的意义和心理（再往下还要追溯到生物机能）之间的关系，才是维特根斯坦在《哲学研究》最后提出的问题，这很可能是根本无法解决的问题，至少到目前为止没有任何可能的迹象。

比较一下就可以看出，乔姆斯基研究的句法结构，都是后来的事情了，他的工作前提是，儿童得先知道"妈妈""在""那儿"这几个词有什么意义（语义）。

如前所述，相比维特根斯坦的认识，从分析对象本身来说，乔姆斯基的颗粒度比较粗，他关注的是句子层次，而没有分解到指称语义这个层次，因为没有分解到这个层次，所以他也没有思考语法和语义究竟是如何纠缠在一起的问题。

不过在能力来源的分析上，乔姆斯基提出了认知与人体生物机能相关的猜想，与维特根斯坦主要只关注心理因素相比，是一个进步。乔姆斯基认为，在人类的心智/大脑中，存在着由生物遗传和天赋决定的认知机制系统。在适当的经验环境引发下，这些认知系统得以正常地生长和成熟。这些认知系统叫作"心智器官"。决定人类语言知识构成的是心智器官中的一个系统，叫作"语言机能"（language faculty）。语言机能在经验环境引发下逐渐生长和成熟，决定着人类语言知识的获得。这段话反映了乔姆斯基对于人获得语言能力的生物机理分析。乔姆斯基后来提出的最简方案就是在生物语言学的视角下进行的努力，认为语言学最终是生物学。

我认为，乔姆斯基的主要贡献有两个方面：一是基于语言的逻辑和指称的分离，在语言学方面证明了一下维特根斯坦所说的"人有构造语言的能力"（这也是我把乔姆斯基的贡献划为信息的第二次分离的原因），不过不能小看这一下，仅这一下就成了后来的自然语言处理（NLP）的起点；二是提出了语言机能内在于心智的思想（维特根斯坦早就意识到词的指称内在于心理这个问题，并在《哲学研究》里做了很多讨论），并把它和生物机理相联系，这一点可以算是乔姆斯基的突破。由此推理，指称语义和背后的意义的产生，不仅仅与心理因素相关，应该也与人体生物机能相关。

## 6．信息的两次分离

综合以上的分析，信息的两次分离过程如图 4-9 所示。

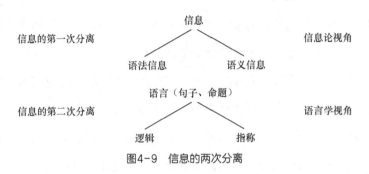

图4-9　信息的两次分离

在信息论视角的分离中，我们对语义信息的理解是从"语义是如何得到的"出发的，也就是从信息接收者一侧来看的。

在语言学视角的分离中，一般是把逻辑作为语言的语法、把指称作为意义的来源，因而往往是从"意义（语义）是如何产生的"出发的，也就是从信息发送者一侧来看的。

把这两次分离合并起来，就是信息两次分离的全貌，如图 4-10 所示。

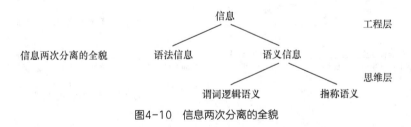

图4-10　信息两次分离的全貌

说明：(1) 现代逻辑使用（一阶）谓词逻辑的术语，逻辑演算即谓词演算，图 4-10 中就用"谓词逻辑"这个词来表示，本书后面也会使用这个词；(2) 关于把（谓词）逻辑作为语义信息的组成部分的问题，在"逻辑有没有含义"一节中再专门讨论。

## 7．指称的通信

通信包括信息发送者和信息接收者两端。无论在哪一端，都需要语义和语法信息符号之间的转换。信息发送者传送语法信息符号，使之在另一个时空点上重现，并被信息接收者接收。

在通信过程中，对于信息发送者和信息接收者来说，他们能够共享的（共同看见的）仅仅是语法信息符号，其他的都要靠自己。

对于语义信息的理解（或解释）——不管是谓词逻辑语义，还是指称语义，都需要依靠各自的能力（包括理性计算能力和心理、生理感受在内的能力）来处理。

对于谓词逻辑语义的理解（或解释），依靠它们的理性智能（主计算机）的计算能力，理解深度将取决于它们的算法复杂度（不是本节重点）。

对于指称语义的理解（或解释），依靠情绪和本能（缓冲计算机和边缘计算机）的计算能力，理解的偏好（倾向）将取决于那"不可说"的神秘之物。

如果把指称语义的通信过程分离出来（即不包括谓词逻辑语义的通信），则如图4-11所示。

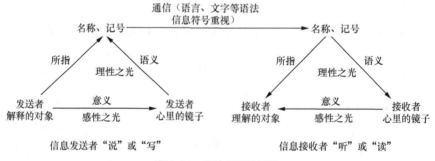

图4-11　指称的通信过程

通信（如用语言说话、用文字写信或机器之间的数字化通信）可使语法信息符号在信息发送者和接收者之间重现（使信息符号在不同时空点重现也是香农追求的目标）。对于人与人之间的通信，经过通信过程的对象并不会重现，发送者解释的对象和接收者理解的对象必然不会完全相同，因为它经历了发送者和接收者两个人的心理、生物机能和指谓的两个不同的处理过程。

但对于机器之间的通信，同样的语法信息符号则可能得到同样的机器语义，只要发送信息的机器和接收信息的机器的算法一样。同时，机器无须将信息经过感性之光再对应到对象上，所以它不涉及意义这回事，如图4-12所示。

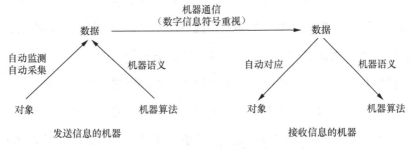

图4-12　机器的通信过程

从信息接收者一侧来看，人和机器对接收到的信息的解读方式有根本区别。对人而言，会将接收到的语法信息符号和存储在自己记忆中的记号的意义作比对，当然会根据所处的语境选择与之相应的那个意义，即人只能根据先验知识来解释或理解接收到的信息。维特根斯坦在《哲学研究》第168～170条对"读"的体验进行了认真的描述，我认为他实际上是在描述如何将眼睛看到的信息符号和在"读"出此符号之前就已经存储在心里的感觉作比对,然后再用声音表达出来。他这种观察之细微实在令人惊叹，我是根本做不到的，因为这需要把自己的主计算机和缓冲/边缘计算机的运行明确区分开，由主计算机来观察缓冲/边缘计算机是如何运行的。我甚至不知道现在我对他记录的"在做的这件事"（他做的体验）的描述和解释是否准确，但我确信，我对他"想做什么事"的理解是无误的。他其实还是"想"和"在"观察人接收到的语法信息符号（文字）是怎样转化为语义，又是怎样转化为语法信息符号（声音）的。他的体验表明，看到的这个语法信息符号（文字）不仅要经过主计算机对语义进行比对，还要与存储的意义（意义不知是存储在缓冲计算机中还是存在哪里，但肯定存储在某个地方）进行比对，才能确认这个符号的语义，再用声音"读"出来。也就是说，人对接收到的信息的解释（理解）过程也要经过心里那面镜子的两面，而不是一面。

对机器而言，如果存储中有这些记号的记录，则可以直接通过比对得到机器语义。在没有先验记录的情况下，对于基于大数据学习的 AI（机器）来说，则可以通过贝叶斯逆向概率推理的方式，通过反复的递归推理也可以得到指称的语义，机器得到语义的路线和人得到语义的路线是不同的，当然，如果没有足够大的数据量，只有一个记号，那么机器也只能得到这个记号。当然，这种方式对算法、数据量和算力的要求远远超过人脑所能承担的水平，这是在数字化信息时代或大数据时代 AI 在语义解读（"听"和"读"信息）方面必然超过人的原因。

顺便说一句，其实我们已经看到，前人对于意义、语义、意识等问题已经有过大量的思考和争论。但我觉得，由于缺乏对信息传递过程的关注，致使这些争论主要都限于对概念（或词）本身的理解，没有在信息流动的过程中考察这些词的含义，因而无法把这些词的含义明确区分开，从而把辨析过程往前再深入一步。如果像现在这样把这些问题放到信息语境中看，加上信息流动的过程，这些辨析可能会更清楚些。

## 8. 信息两次分离的意义

信息的第一次分离是语法信息和语义信息的分离。香农是信息第一次分离的开创者，并发明了数字技术的方法。第一次分离大大提高了机器通信效率，带来了第一次数字化，造就了数字化信息世界。

信息的第二次分离是逻辑语义和指称语义的分离。维特根斯坦是信息第二次分离的思想开创者，他使用了语言学方法。

图灵分离的思想和维特根斯坦的思想一致，他使用了机器方法和与香农一样的数字技术。

乔姆斯基分离的实质和维特根斯坦的分离一致,也使用了语言学方法,但在形式上和香农的分离相似。

第二次分离大大提高了机器逻辑计算的效率,带来了第二次数字化,并造就了人类智能以外的机器智能或人工智能(AI,人们正担心它会不会发展成为一个独立的世界)。

彼得·沃森(Peter Waston)在《20世纪思想史》中对维特根斯坦、图灵和乔姆斯基的思想贡献都有描述,但却没有论及香农。仅就思想而言,香农的贡献似乎是工程层面的,而不是哲学层面的,不知道这是不是他没有为香农着墨的原因;但就历史贡献而言,香农在20世纪应当拥有当之无愧的伟大地位。在这里,我并没有为这些伟人的历史地位争高下的意思,对于他们,我唯有敬仰。我只是想通过这种比较式的描述,从侧面来说明他们对信息的两次分离所带来的意义。

我觉得应该再次强调这些伟大人物的名字:第一次分离是香农,第二次分离是维特根斯坦、图灵,还有乔姆斯基。

## 逻辑有没有含义

### 1. 这个问题的意义

"逻辑有没有含义"这个问题,是区分第一次分离和第二次分离的关键。如果逻辑没有含义,那就不存在两次分离,只有语法和语义的一次分离。因为在语言学和逻辑学中,逻辑被认为只是语法,没有语义。

这就有点像在统计信息论中,统计信息被认为是信息的全部;而放在全部信息(论)中,统计信息只是语法信息,此外还有语义信息。同理,如果把视野放到语言学和逻辑学之外,放在信息论的范畴里,逻辑应该也是一种语义。或者按照信息论的叫法，逻辑可以叫作语义信息中的逻辑语义（当然，如果还按照语言学的叫法，逻辑应该叫作语言中的语法）。不管怎么叫，说的都是同一回事，这不是重点，重点是如何理解"逻辑关系是有含义的（即逻辑是语义中的一部分）"。关于这一点的理解是澄清信息确实是经过了两次分离，而非同一次分离的关键。

## 2．为什么认为逻辑是语义的一部分

我们之所以认为逻辑也是一种语义，是因为信息接收者可以从这种谓词逻辑中得到一些含义。我们还是回到维特根斯坦这里来找找说法。比如，维特根斯坦在《逻辑哲学论》里说，"如果有了逻辑的初始记号，那么任何正确的逻辑都必须能够清楚地表明这些记号彼此之间的相对地位，并证明它们存在的合理性"，合理性暂且不论，单是"表明这些记号彼此之间的相对地位"就体现了逻辑的重要含义所在了，这和单纯的语法符号是有明显区别的。

比如，把原本不相干的两块石头——石头 1 和石头 2 放在一起，就有了大小、轻重、高低、上下、左右、前后、颜色深浅等相对的关系，这就是原始的逻辑。你不去看，这种关系也在那里，你去看，就发现了这种原始的逻辑，剩下的就是推演了，你的算法有多复杂、涉及的数据量有多大，就能推演出多复杂的其他逻辑结果来。石头 1 和石头 2 之间的关系也可以理解成互为"相对的显示"，有了这个"相对的显示"之后，才有逻辑这回事，作为对象的逻辑图像的符号亦然。如维特根斯坦所说，"图像的要素以一定的方式相互关联，这表明事物也是以同样的方式相互关联的。图像要素的这种关联称为图像的结构"。这句话的意思应该是：结构就是记号之间的关联关系，也就是逻辑的体现。

在波普尔的世界和信息论里，知识即记号的结构化，像布尔金直接把世界 3 称为结构世界。所以，逻辑、结构、知识应该有一定的共性。我觉得可以这样理解，逻辑就是结构关系。比如，在语言里，逻辑体现为语法或句法结构；在客观世界里，逻辑体现为"对象在事态中发生联系的一定的方式，即事态的结构"；在信息和知识世界里，逻辑构建和逻辑推理就是知识的结构。这就是逻辑的意义所在，也是我认为在信息论的视角内，逻辑应该作为语义信息的一个组成部分的原因所在。

### 3．维特根斯坦的看法

维特根斯坦在《哲学研究》里也论述过逻辑的意义，"逻辑似乎具有一种特殊的深度——一种普遍的意义。逻辑看起来似乎处于一切科学的底部——因为逻辑的研究探索一切事物的本性。它力图穷究事物的底蕴而从不去关心实际发生的究竟是这件事还是那件事——它并非起源于对自然界的事实的兴趣，也不是来自把握因果联系的需要：它源自这样一种追求，即要理解一切经验事物的基础或本质。但是，为了这个目的我们似乎并不就得去寻找新的事实；相反，我们进行逻辑研究的本质就在于我们并不寻求通过这一研究而获知任何新的东西。我们需要理解某种原已一直在我们眼前的东西。因为，这正是我们在某种意义上似乎还不理解的东西"。

当然，维特根斯坦在《哲学研究》中也说过，"我们的研究是一种语法研究"。如果按照这种理解，看起来确实只有指称才能算是语义了。但维特根斯坦在这里所说的语法显然和香农将信息的意义分离出去后剩下的语法符号之间还有一定的不同，这个不同就是语法符号之间的逻辑关系，也就是维特根斯坦之前说的"彼此之间的相对地位"，而香农显然也没有处理这个不同。所以还是那句话，这个逻辑关系对于信息接收者来说应该是有含义的，所以我仍然认为应该把这种逻辑关系也看作是一种语义。

### 4．逻辑的客观知识特征

经过以上分析，我认为逻辑可以理解为一种客观知识，即波普尔所说的客观知识（正因为它是客观存在的，所以只能被发现，而不能被发明），它的含义也在于此。或者按照维特根斯坦的理解，甚至逻辑关系可能就是客观知识，即二者是等价的。理由有如下几点。

第一，其客观性的体现包括但不限于维特根斯坦说的一些话。"逻辑不是一种学说，而是世界的一个映象"，"逻辑充满世界"，"只要我们知道每一个别记号如何起标示作用，逻辑句法的规则就应当是自明的"，"人不可能直接从日常语言中懂得语言逻辑"，"如弗雷格和罗素著作中用以证明推论为正确的'推演律'是缺少意义的，因而是多余的"，"一切演绎推理都是先天形成的"，"逻辑是先天的，逻辑先于任何经验"，"逻辑是先验的"，"逻辑的探究就是对所有符合规律性的东西的探究，逻辑之外的一切都是偶然的"。

第二，如果指称后面是"不可说"的东西，那么逻辑也就是剩下的唯一可说的东西了。逻辑的知识本质体现在两方面：一是逻辑即思想的本质，思想的表达即知识的形式；二是逻辑是能够被不断（结构化）叠加的东西。如维特根斯坦所说，"思想的本质，即逻辑，呈现出一种秩序，而且是世界的先天秩序：也就是可能性的秩序，它对于世界和思想一定是相同的。但是，这种秩序看来一定是极其简单的。它先于一切经验，又必定贯穿于一切经验之中……它一定得像最纯净的晶体一般。但是，这一晶体并不呈现为一种抽象；相反，它呈现为某种具体的东西，而且是最最具体的东西，简直可以说是最坚硬的东西"，"图像的要素以一定的方式相互关联，这表明事物也是以同样方式相互关联的。图像要素的这种关联称为图像的结构"，"逻辑是关于形式和推论的理论"。

算法信息论中的算法，即信息编解码的算法，指的就是谓词逻辑的处理方法，算法复杂度则指的是对谓词逻辑处理能力（或效率）的度量。因而，算法是当前数字化信息时代和智能时代发展的关键知识之一。

维特根斯坦认为，"数学是一种逻辑方法"，那么物理学、化学等很多与数学密切相关的自然科学都是数学逻辑方法再加上学科各自的指称后形成的知识了。

**指称后面的东西为什么"不可说"？**

### 1．指称是意义的由来

指称是对客观事物的主观理解，是连接主观世界（精神世界）与客观世界（物理世界、信息和知识世界）的唯一纽带，也就是所谓的意义的由来。维特根斯坦说，"语言中的单词是对对象的命名——语句就是这些名称的组合。每个词都有一个意义。这一意义与该词关联。词所代表的乃是对象"，"一个词如果没有东西与它对应，它就没有意义"。

### 2．指称是信息传送之前的东西

指称是在信息传送之前发生的，如维特根斯坦所说，"学习语言就是给对象命名。命名就如同给一样东西贴上标签。我们先给事物命名，然后才能谈论它们：才能在谈话时提到它们"。

关于指称后面的东西为什么"不可说"，我无法正面回答，只能通过维特根斯坦尝试在《哲学研究》中"说"到的这个问题的有关情况来侧面观察一下发生了什么。

### 3．作为摩擦力的指称和交易成本

维特根斯坦把指称带入自己创建的逻辑哲学的初衷和罗纳德·哈里·科斯（Ronald Harry Coase）把交易成本带入经济学研究的初衷有点类似。维特根斯坦在《哲学研究》里的反思实际上是对自己的《逻辑哲学论》的批判，"似乎我们的逻辑是一种适用于真空的逻辑"，"我们越是仔细地去考察实际的语言，它和我们的要求之间的冲突就越尖锐（因为逻辑的晶体般的纯粹性当然不是研究出来的：它是一种要求）。这种冲突渐渐变得不可容忍；我们的要求现在已有变成空洞之物的危险——我们是在没有摩擦力的光滑的冰面上，从而在某种意义上说，这条件是理想的，但是，正因为如此，我们也就不能行走了。我们想要行走，所以我们需要摩擦力。回到粗糙的地面上来吧"。这些批判像极了科斯对之前的经济学的看法，把上面这些话中的"逻辑"换成"经济学"也完全适用。科斯把交易成本这个摩擦力带给了经济学，让它回到"地面"上来，就像维特根斯坦把指称关系这个摩擦力带回语言逻辑一样。交易成本（包括市场交易成本和企业内部的组织成本）的一个重要来源就是信息成本（由于信息不完全、不对称而产生的信息发现或甄别成本），语义信息的永恒不对称将使这个摩擦力永远存在。因此，这种现实摩擦力的存在——不管是指称语义还是交易成本，都来源于人本身。只要有人参与，这个世界就永远不会那么理想、那么纯粹、那么理性、那么精确。

虽然两人的初衷一样，但结局却大相径庭。交易成本如今已成为新制度经济学的核心概念，是整个经济学无法忽视的部分。而指称无论是在哲学，还是其他领域，仍然默无人知，甚至被视为神秘主义、装神弄鬼，其原因维特根斯坦自己也"说"不清楚，因为它"不可说"。

## 4．维特根斯坦的努力和无奈

估计乔姆斯基后来多少也能体会到一点维特根斯坦那种像西西弗斯推巨石上山顶时的心境。这个心境从我之前引用的乔姆斯基的话里就能体会出来，他说，"是否可能建立一门普遍语义学，对每一个词项的每条意思都进行完整、精确的表达，并提出一些规则，定出这些词项组成的词语的意义？我有充分的理由对这项工作表示怀疑。看来其他认知系统，尤其是由世界上的事物及行为的信念构成的系统，以极其复杂的方式与我们对语义和所指做出的判断交织在一起。能不能设法在原则上把这些成分与通常所说的，甚至在专业研究中也说的所谓'词语的意思'分开来，我们一点也不清楚。我相信不可能把语义表达式和人们对世界的知识分开来"。他应该或多或少感觉到了因为自己藐视"词语的意思"（指称语义）而带来的内在矛盾。

而这个心境，维特根斯坦在《哲学研究》一书的前言里就已十分简短地表述过，"本书是如此贫乏",因为面对指称这个"不可说"的神秘之物,维特根斯坦感觉自己可能也确实说不出像《逻辑哲学论》中那样精彩的话来。而在整本书中,你可以感觉到维特根斯坦已经变得非常柔和,大概就像是受到缓冲计算机调节后的主计算机一样,不再那么锐利、干脆,大量使用比喻、类比、隐喻的表达方式,同时也不像在《逻辑哲学论》中做出论断时那么自信,这也许跟指称问题本来就和人脑中的缓冲计算机密不可分有关吧。当年创作《逻辑哲学论》的维特根斯坦简直就像机器人一样理性、简捷、直接、不讲废话,并使自己产生了一种独孤求败的感觉,而他也因此得到了世人的认可,收获了一大票追随者,《逻辑哲学论》尤其对维也纳学派的逻辑实证主义产生了重要影响(但这个学派也许误解了维特根斯坦的意思,或者没想到维特根斯坦自己后来的改变)。而在《哲学研究》中,他又变回了一位凡人,放下了赖以成名的逻辑利剑,拾起了指称的絮絮叨叨,或者说变回凡人的维特根斯坦早已放弃了维也纳学派一直坚持的用逻辑一统天下的最初理想,因为他早在以逻辑成名的时候就已经知道,逻辑之外还有神秘之地。想当年他在第一次世界大战战壕(或战俘营)里意气风发地通过分离修炼出逻辑利剑为他赢得了传世的名声,但当他试图弥补当年分离留下的遗憾时,却因发现这是根本无法完成的任务,因此不可避免地感到失落,或只能恢复平静。

所以,维特根斯坦的寂寞和无奈只有他自己能够体会,乔姆斯基也许能够体会到一点点,图灵和香农压根不会去想,也不会想到这件事。

## 5. 能否用逻辑研究非逻辑问题

其实,就像两个人分手后明明可以"一别两宽,各生欢喜",如果非要纠缠在一起,那就只能是自讨苦吃。维特根斯坦做的事也一样,明明把逻辑分离出来,享受逻辑带给自己的荣耀就好了,还非要把指称和逻辑再纠缠在一起,只能得到这个结果。因为他是在做一件自相矛盾的事情,他明明已经知道指称的问题"不可说",无法用逻辑的方法来研究,却又找不到其他办法,只能强行用逻辑的方法来研究，而这个自相矛盾他自己是明白的（不像罗素是不明白的，所以维特根斯坦对罗素为《逻辑哲学论》写的导言很不满意，认为文中曲解了他的思想。从罗素写的导言内容来看，仍是在逻辑的思维认识里面来看维特根斯坦的思想，根本没想到逻辑以外"不可说"的到底是什么，并把这部分称作是维特根斯坦的神秘主义的主题，所以至少在这个意义上，罗素确实是曲解了维特根斯坦，维特根斯坦没冤枉他。有人认为这是译者将罗素用英文写的导言译为德文时产生的误解，我认为不对，这并不是误解，因为维特根斯坦所写的内容超出了罗素的理解能力范围），在《哲学研究》的前言里，他说："我曾几次企图将自己的成果联结为一个整体，然而都没有成功。此后我认识到我永远也不会成功。"可是他还是这么做了，不知是因为他对逻辑的痴心不改，还是因为对指称的无可奈何。何必呢？何苦呢？

我认为，维特根斯坦困境的根源在于，对于这种非逻辑的"不可说"的问题，他只有（其实现在我们也还是只有）逻辑思考的办法而没有其他办法，因为我们谁都不是神仙，无法分离出另外一个自己，我们无法常态地、连续地进行非逻辑（无逻辑或不使用逻辑）的思考，或者说，离开逻辑我们无法思考。对任何人而言，非逻辑（无逻辑或不使用逻辑，只用边缘计算机或缓冲计算机而不用主计算机）的直觉、潜意识等快思考只在一些偶然和特殊的情况下才会发生，虽然这才是适合思考上述非逻辑的"不可说"的问题的思考方式，但我们无法常态地、连续地进行这样的思考。就像现在我写下这些文字时的感觉，我意识到我已经开始在和自己兜圈子了。我以后也不打算再思考这个问题了，不是因为难，而是因为根本不可能，谁也做不到用逻辑的方法来思考非逻辑的问题，就像谁也做不到抓着自己的头发让自己离开地面。

### 6．逻辑和非逻辑的调和

在《哲学研究》的最后，维特根斯坦提出了一个关于调和逻辑和指称关系的想法，"有可能有一种与数学相联系的研究，同时又完全类似于我们的心理学研究。它不是一种数学研究，正如另一个也不是一种心理学研究一样。它将不包括演算,所以它不是(例如)逻辑斯蒂(logistic)。它也许有资格被称作'数学基础'研究"。所以,他知道他是站在人类精神(感性或灵性)世界和客观世界(不管是平凡的现实世界,还是从中抽取出的纯粹理性逻辑世界)之间最精确的那一点上在说这个问题,他是在追问"一个有意义的信息是怎么产生的",或者更准确一点儿是"一个可以被指称的语法符号的意义是怎么产生的"或"一个意义(语义)是如何被加载到一个可以被指称的语法符号上的"。套用老子的表达方式,维特根斯坦的问题可以说是,"道从何来,名何以名"。当然,这句话老子没有说过,是我说的。所以,《道德经》前面也许可以考虑再加上一句"道何以道,名何以名",然后再说"道可道非常道,名可名非常名","无名,天地之始,有名,万物之母",这样理解起来就更顺了。维特根斯坦心里仍然是独孤求败的,只是不再拿着他赖以成名的那把逻辑利剑了,而是看似有些返璞归真、童心未泯、平平淡淡,甚至疯疯癫癫地做起了语言游戏,只是无人能知、无人能解。他之所以说自己是在做游戏,是因为他知道无人理解,所以也懒得跟大家废话。他已是布莱希特所说的那两种人——"一个有话想说却找不到听众的人是很不幸的,但更不幸的是那些找不到人有话想说给他们听的听众",因为他说的话没人听得懂,甚至没人认真听,而且似乎也没人能对他说些什么有意义的话了。维特根斯坦太难了,难怪他在《哲学研究》里感叹,"我已混乱不堪了"。

## 7. 语法和语义如何连接

从信息论出发,维特根斯坦上面问的这个问题其实又回到了语法和语义是如何连接的问题上,只不过是回到了最原始的对象和符号上——就是一个"词"的指称的语法和语义是如何连接的,不是词组、不是短语、不是句子,更不是在香农的统计意义上的语法信息和语义信息的连接问题,就像是问永不相见的那两颗灯芯——青霞和紫霞究竟是怎么纠缠在一起、合二为一的问题。连接点是什么?真的能合二为一吗?是像太极图里的那两条鱼,人首蛇身缠绕在一起的伏羲女娲图,还是像 DNA 的双螺旋结构,或者是像纠缠在一起的两个量子?难道是当其中一个承担语法责任时,另一个就承载语义,然后相互转换?而且,按照维特根斯坦的说法,这些现象仍然只是在"显示"问题,而不是"说(解释、回答)"问题,"确实有不可说的东西。它们显示自己,它们是神秘的东西"。这个问题是无法通过逻辑来"说"的。这真是太难了。我觉得,还是维特根斯坦最初的判断是对的,"对于不可说的东西我们必须保持沉默"。

现在大家看明白了吧。之所以说指称"不可说",是因为对这个东西我们还根本无从思考,即佛家说的,"心行处灭、故不可思,言语道断、故不可议",合在一起则是"不可思议,故不可说"。

## 8. 作为旁证的道德两难问题

关于"不可说",还有一个旁证,就是前面讲过的道德两难问题。维特根斯坦认为伦理是"不可说"的,这只是他说存在"不可说"之物的一个例子。我们在分析道德两难问题时已经看到,在思考道德伦理问题时,主计算机肯定是会宕机的,缓冲计算机会不会宕机不知道,所以用理性逻辑思维来思考这些问题根本没有结果,因而也没有意义。但道德伦理问题还处于"不可说"的表层,因而还不是完全不能去思考,弗洛伊德在这方面的研究——精神分析就取得了有效的进展。可能正因为如此,彼得·沃森的《20 世纪思想史》第一部分才以他们两位的名字命名——"从弗洛伊德到维特根斯坦:伊始的意义"。这个名字和他们两位做的事也高度契合,他们其实都是在寻找意义的伊始。

但弗洛伊德对维特根斯坦关心的主题——指称的帮助,可能最多也就到了发现和提出人脑存在自我(主计算机)、本我(边缘计算机)和超我(缓冲计算机)这 3 台计算机协同运行的层面,因为他关心的主题是精神疾病诊疗。弗洛伊德对观察对象的选择倒有些启发意义,即以主计算机休息或异常的梦境中人或精神病人为观察对象,这时他能相对客观地观察(猜测)一下边缘计算机和缓冲计算机的输入和输出情况,而不像维特根斯坦那样只能以自己的大脑为观察对象——用自己的主计算机来探查自己的边缘计算机和缓冲计算机在没有主计算机的干扰下是如何工作的,这是根本无法实现的任务。但弗洛伊德对观察对象的选择也仅仅只能带来启发,而很难参照,因为我们是无法和一个主计算机休息或宕机的梦境中的普通人或精神病人一起讨论他对某个词的意义是如何感受和理解的。

## 9. 指称语义和逻辑语义的比较

把指称的语义和逻辑的语义比较一下。逻辑是客观的,也就是原本一个逻辑中就自带一个含义,你需要做的是去发现它。而指称不是客观的,指称是由客观联系到主观(大脑思维),并由主观用某种符号(记号,如声音或文字)表达出来或记录下来的过程,所以它是个有灵性的过程,或者说就是人类灵性创造的过程,也是被人们归为"神秘主义"的原因。比如,传说中黄帝的官员仓颉分管牲口、食物,随着数量增长,脑袋不够用了,就结绳计数。但时间一长也不行了,容易出错。有一次狩猎时,他看见几位老人在岔路口争论应该往哪边去追猎物,坚持往东的说有鹿的脚印,坚持往西的说有老虎的脚印。仓颉受野兽脚印的启发,开始创造各种符号来表示事物,并教给大家认识。有段时间仓颉觉得自己造字功劳大了,就开始不认真、乱教一气,黄帝就请了一位老者去劝他。老者向仓颉问道,"你造的'重'字,由'千'和'里'组成,有千里之远的意思,是不是应该是出远门的'出'?你造的'出'字,是两座山重合在一起,本该是'重'的意思,你却教成了出门的'出'。这是怎么回事?"当然,这只是不具可信度的一个传说,但说出了一个道理,用来示意象(对象)的形(符号,包括声音)和义(含义)完全是由人联系在一起的,这个联系就是人类灵性的创造,这个联系是极具偶然性的,也就是说,出点儿意外或产生点 bug 是非常正常的事情。

这时再回过头来看看维特根斯坦说过的一些话,"一切演绎推理都是先天形成的","逻辑是先天的","逻辑先于任何经验","逻辑是先验的","逻辑的探究就是对所有符合规律性的东西的探究。逻辑之外的一切都是偶然的","只要我们知道每一个别记号如何起标示作用,逻辑句法的规则就应当是自明的","偶然特征是随同产生命题记号的特定方式而来的特征","虽然我们的记号系统中确有某种随意的东西,但是如下这一点却不是随意的,即只要我们随意地规定了一个东西,某种其他的东西就必然要发生(这一点来自记号系统的本质)",会不会有不一样的理解或感受?你还会觉得这些短短的话像是咒语吗?你是不是觉得有道理?比如,从最后这句话是不是也可以想象出,如果传说中的仓颉真的是因为自己的不认真而把"重"和"出"两个字搞反了,那他也只能将错就错、一错到底了。从我们今天对这两个字的认识来说,似乎就是这样的(尽管事实上关于"出"的《说文解字》的解释并非如此)。

再想象一下,仓颉造了字后,怎么把一个示意象的形(音,记号、符号)和义联系在一起"教"给另外一个人呢,示意象的形还好教一点,反复"指"和"称"就行了,但指称的这个符号(以及这个对象)在每个人的脑子里映射出的义(意义、含义、语义)并不是完全一样的,它是由每个人的脑子自己决定的,但到底脑子里是怎么决定的,谁也说不清楚、谁也想不出来,只可意会、不可言传。大家只知道,只有通过反复的训练、学习,对某个符号(及对应的对象)所指的含义的理解才能尽可能取得一致,这样大家才能交流、对话。"只可意会、不可言传"的就是波兰尼所说的"暗默知识"。而人类社会一直在不断地把"暗默知识"挖掘出来,通过把符号表示的意义的解释固化下来,使示意象的形和义的联系固化下来,使之成为"显性知识"(当然,我们现在所说的"显性知识"往往是和逻辑结合在一起之后的更复杂的形态),以便广为传播。但"暗默知识"永远挖不穷尽,因为那是维系人的根或者说灵魂所在。

## 10. 用机器能否推算语义

此后,人们对这种形义相联的"信息"习以为常,以为信息天生就是如此。

后来，香农把义分离出去，只剩下形，人们又再次习以为常，以为信息本来就是这样的。再后来，维特根斯坦和图灵又把义中的指称分离出去，只剩下逻辑，并用机器、算法来帮助推演，大家又感叹，"哇，太神奇了"，但好像哪里有点儿不对劲了。所以，机器算法只是逻辑推演的方法，只能直接计算逻辑之义，用贝叶斯逆向概率推理能进一步算出指称之义，但无论如何都算不了指称语义背后的意义。比如，当年图灵用炸弹机破解德军密码时，引入了贝叶斯逆向概率推理的思想构造出算法复杂度更高的机器，把恩尼格玛密码机的逻辑还原出来，但是，还必须要知道符号所代表的指称语义，才能还原出一个完整的有价值的情报。打个比方，像《艾伦·图灵传》里谈到，英国截获并破译出了一条情报，"护送 U69 和 U107 的舰队将会在 3 月 1 日 8 点到达 2 点方位"，要想知道它的含义，还得知道 2 点方位是在什么地方，而这个词的含义只能再和其他信息交互印证并采用贝叶斯逆向概率推理才能得到，即还需要更多的数据再进行贝叶斯计算（当然，如果从其他情报途径能得到 2 号方位的含义，就省得再算了）。但即便得到了指称语义，机器还是机器。

所以，虽然逻辑很难，但它于天地间自在，还有迹可循。而指称完全是灵性所致、无迹可寻、充满偶然，不可思、不可议，所以"不可说"。难道你还觉得维特根斯坦说它"不可说"是在故弄玄虚、是神秘主义吗？他其实是希望非常严肃地探讨这一问题，包括他用逻辑工具、数学工具都做了尝试，只不过这一问题确实"不可说"。

## 11. 还能"说"点儿什么

如果非要再"说"一下，我觉得可以猜测着"说"一下的是，这个灵性过程是人脑中的主计算机、缓冲计算机和边缘计算机这 3 台碳基计算机协同运行的过程。至于再往下，这 3 台计算机是怎么构成、怎么运行、怎么协同的，那得看看脑科学、神经科学、认知科学能不能有什么发现了。如果非要说这是神秘主义，那就是吧。不过，你真的知道你脑袋里的思想是怎么形成以及表达出来的吗？你真以为这是逻辑可以"说"清楚的吗？

而信息，不管是形义相联，还是形义相离，或者是义理再离，都是人类灵性创造的结果。难道你还认为它天生就是如此吗？那么，"万物源于比特（It from bit）"到底该怎么理解呢？这是感叹还是命题？

##  关于指称的作用的不同看法

### 1．维特根斯坦的看法

维特根斯坦已经意识到，指称是人类获得完全语义，形成逻辑化的智能，以及获得之后的顺应语境的语义迁移能力，即适应环境变化的智慧的原始出发点的标志。因此，那才是人类智慧的终极奥秘入口所在。指称的后面是神秘的东西。指称语义及其背后的意义的获得与心理因素有关。因此，《哲学研究》的大量篇幅都是在描述指称与心理感受之间的关系。

维特根斯坦对这种观点毫不隐瞒，甚至在《哲学研究》开篇第一段就引用了奥古斯丁《忏悔录》中的一段话："当他们（我的长辈）称呼某个对象时，他们同时转向它。我注意到这点并且领会到这个对象就是用他们想要指向它时所发出的声音来称呼的。这可以从他们的动作看出来，而这些动作可以说构成了一切民族的自然的语言：它通过面部的表情和眼神，以及身体其他部位的动作和声调等显示出我们的心灵在有所欲求、有所执着，或有所拒绝、有所躲避时所具有的诸多感受。这样，我便逐渐学习理解了我一再听到的那些出现于诸多不同句子中的特定位置上的语词究竟是指称什么事物的；当我的嘴习惯于说出些符号时，我就用它们来表达我自己的愿望。"

我想，维特根斯坦认为这段话非常传神和准确地"显示"出了他想"说"的那件事——心里那面镜子的两面是怎么联系在一起的。只是，他的真诚和毫不隐瞒却不被人所理解，反而被人嘲讽。

## 2．罗素和其他人的认识

正因为其他人根本没有意识到这一点，所以大家才觉得他太过于隐晦和神秘。

彼得·沃森说，弗雷格的作品为《逻辑哲学论》提供了创作灵感，但他本人至死也没能理解这本书的内涵。我估计，弗雷格不一定是不理解其中关于逻辑的部分，而是不理解其中关于"不可说"的部分。

罗素则完全不理解维特根斯坦后来的变化，他说："维特根斯坦发现了一种使得严肃研究哲学变得不必要的方法。但是，考虑到维特根斯坦与现代文明的主流的对立，他的严肃性毋庸置疑；他轻易达到边界，（如果被接受的话）让上帝、伦理呼之而出。"不过罗素知道他的实力，所以虽不理解，但也没有像其他人那样过分地嘲讽。

人们经常把指称这一最简单、最司空见惯、最习以为常的事情视为理所当然而忽略掉，所以很多关于大脑思维、思考的研究都是直接从半中间的顺应语境的语义迁移能力开始的，也有不少学者对类比、隐喻等现象进行了大量研究。而图灵想跨过这个环节，直接进入人体生物机能来研究，可能之间的距离还太远。但在精神世界中，联系物理世界、知识和信息世界之间的那个边界、那个有两面的镜子始终无人正视，因为根本无人意识到。

维特根斯坦和众人之间的差距可以打个比方，"指称"就像是大闹聚贤庄的萧峰打的那套太祖长拳，虽然平淡无奇，但天下英雄无人能敌，甚至无人能识，所以被人视为神秘主义。关键不在拳法，而在境界，拳法虽平淡，但它是练武的基础。但是，这套拳法实在是太过平常了，有的人认为这根本不是什么拳法，就是跳大神，有的人虽然觉得这勉强算是拳法，但并不觉得练它能练出什么名堂来，所以最多练练样子就算了，后来也就没人认真练了，大家都直接跳过它去练更高深的武功了。但维特根斯坦即便不用他的逻辑利剑，只拾起这个平淡无奇的指称长拳，也一样可以独孤求败，因为关键在于"内力"。

## 3．图灵们的想法

图灵可能也不认为指称语义是 AI 获得意识的一个先决条件，机器肯定会获得像人一样，甚至超过人的智力，当然意识也应该不在话下。或者说，图灵可能对这个问题还并不太有把握，因为他可能不清楚情感和获得意识之间的关系。但有些后人可能就此附会推论机器肯定会获得意识，比如通过奖惩式的教育，并为此而想方设法。为方便叙述，我在此不做区分，先把这个想法算在图灵头上吧，谁叫他开了这个头呢，因此我把抱有这种想法的人统称为图灵们。

图灵在《计算机器与智能》一文中，看似谦恭地回应了许多质疑（当然对其中有些他认为不值一驳的也不一定谦恭），实则非常自信地表达了他对 AI 能够获得意识的判断。如前所述，这里他可能只是忽略了（或没意识到）指称语义的问题，当然也有可能他认为虽然这是个问题，但并不是什么难事。比如，他举的儿童机器教育的例子，也可以理解为他认为通过机器教育和机器学习就可轻易解决机器习得指称语义的问题，包括采用像儿童学习那样的奖惩机制来强化机器的学习（现在的机器强化学习就是这样）。他在论文最后说希望机器可以在纯智力领域和人竞争，在选择机器学习路线时举了两个例子，一个是像国际象棋那样的抽象活动，一个是像教小孩子学习指称（Things would be pointed out and named）那样的日常语言活动。但他并没有（也无法）正面论证机器如何才能获得意识。今天我们看到，在国际象棋方面，机器的智力表现已完全达到图灵的预期，但在指称学习这个看似更简单的领域却好像并未如愿。

"图灵们"可能会认为，采用贝叶斯逆向概率推理的方式，只要数据量足够大，采用逆向逻辑推理的方法进行统计性分析也可以获得完全的语义，包括其中的指称语义（就像破译恩尼格玛密码那样）。从原理上，这一点可以实现。但实际上,这只可能在确定了具体语境的情况下实现,因为一旦换了一个语境,如果指称的语义完全不一样,可能就需要另外的逻辑算法和另外的数据集合才能再次推理计算。现在基于大数据学习的AI就是如此。根本上,这还是AI作为一个逻辑工具的表现,而不是AI能够获得自我意识的论据。因为自我意识并不只是获得指称语义,还包括获得指称语义的另一面——明白对象对自己(本体)的意义。换言之,即便AI推算出了完全语义(或接近完全的语义),它也不知道这对它意味着什么,因为它并不拥有用来赋予对它的意义的缓冲计算机和边缘计算机。因此,它可能确实能算出完全语义,但唯独不知道它自己是谁,也不知道它算出来的东西对它意味着什么。或者说,到现在为止,AI还只是一个单面镜,只和大数据(记号)这一侧有关联,和对象那一侧无关,即这面镜子只能反射理性之光,不能接收和反射感性之光。所以,"图灵们"的这个观点只能说是"只知其1,不知其0",他们不知道语义和意义不是同一个东西,而是一个东西的两面(用老子的话说就是"此两者同出而异名"),意义就是0的那面,也是1——语义那一面的来源;得到了1,并不意味着就能得到0。得到了0,才有自我意识。

在某个特定语境(具体指称语义环境)中,其间的关系如图4-13所示。人的脑力有限,从大数据中只能直接得到少量语义,而AI可以从大数据中得到大量,甚至接近完全的语义,但AI是个单面镜,自己得不到意义。所以,现在AI仍然只是人们创造的一个工具,和其他自然物品或人造物品一样。在AI得到的大量语义中,人也只能得到部分意义,因此很多人感到无法完全理解AI,这是目前人们对AI感到担忧的原因。

图4-13 作为单面镜的AI得到语义但得不到意义

与指称相关的问题,我猜图灵可能也存在误解(有点像罗素那样的不理解),这个误解体现在他对"来自超感官知觉的论断"的反驳。他可能也认为维特根斯坦所说的"不可说"的指称是一种神秘主义,可能因为他听说这个东西和心理感觉相关,所以把这个问题误解为"心灵感应、千里眼、先知先觉和意念行动"这样的问题而进行反驳,尽管不一定是针对维特根斯坦。按照之前引述的霍奇斯所说的,"'意义'这个词,被波兰尼引申到超自然的宗教观,但图灵认为,大脑与外界的联系,本质上与电传打字机没有什么区别,这事没有什么超自然可言"。这段话倒有可能是针对波兰尼提出的观点说的。如果真是这样,从当时的普遍科学认识和他对指称问题的认识来说,也确实难为他了(当然,也可能是我猜错了,如果是我猜错了,就请大家从书上划掉这段话)。

维特根斯坦认为机器不具备人类那样的心理和生物机能条件,因而无法获得指称语义及其背后的意义,但图灵因以上误解或对此问题考虑的不完全而认为这不是问题。在这一点上,我认同维特根斯坦的观点。

关于机器智能的讨论,我倒是同意霍奇斯的这个说法——看我们怎么定义"智能"这个词。如果把"智能"定义为逻辑的思维,那么机器毫无疑问会超过人类;如果把"智能"定义为完全像人一样的包括逻辑的思维和非逻辑的思维,那么机器永远不会像人一样思维,因为它在设计上就没有非逻辑计算的结构,也就是说,人工智能与人类智能永远会有非逻辑思维方面的差距。霍奇斯认为图灵对"智能"一词的理解与他的经历和体会有直接关系,"图灵最初使用这个词的时候,是指下棋或其他的一些解谜活动。这种认识,源自他在战争时期的体会,他认为8号营房是智能的,而海军是弱智的。但这个词对其他人来说,总是具有更广泛的内涵,它包括对现实世界的洞察力,而不只是解谜或者分析密码。《计算机器与智能》中没有讨论这些,这篇论文中的交互方式,就是海伦·凯勒(Helen Keller)的那种方式。这个问题本是一块重石,但图灵却像打水漂儿一样把它扔开了,他认为大脑与现实世界的交互、与智能的获得是无关的……他是一个数学家,活在符号的世界里,而且他的事业生涯发端于一所最纯正的数学学院,那里明确地告诉他,数学就像一盘象棋游戏,完全不必考虑与现实世界的联系"。这也许就是理想和现实之间的差距,图灵活在理想之中,而维特根斯坦却早已知道,理想和现实还有很大不同,像指称这样充满日常烟火气的寻常之物,也包含着无法言说的一部分真理。

## 4. 乔姆斯基对指称的质疑

乔姆斯基就直接去练了更高深的武功,并且取得了不俗的成就,而且直接藐视了指称,认为指称根本没什么实际用处。像他在《语言与心智》中所说,"每一个指称的行为都有一个对应的经验世界或者想象世界中的复杂方面,人们通过指称的行为关注这个对应的世界。但是,这并不意味着指称关系存在于自然语言之中,我认为即使是在最为基本的层面,这一关系也不存在"。

他还提出,词与客观世界的事物之间其实并不存在固定的客观指称关系,说话者可以在不同的场合主观地使用同一个词来指称不同的事物。但这一点其实并不能说明指称语义不可靠,而恰恰是人类顺应语境的语义迁移能力——人类智能的典型体现。

人类天生就能掌握语言的现实情况和乔姆斯基关于人类如何获得语言能力的成功研究好像确实提出了一个问题:即便不回溯到指称语义能力的获取上,人类也可以正常掌握包括完全语义在内的语言能力,就像鸟儿不懂空气动力学也不耽误它飞一样。那么,对于 AI 来说,有没有这种可能——即使不获得指称语义能力,也能获得完全语义?

我想,答案应该是不能。或者说,这个问题还不如图灵用贝叶斯逆向概率推理来质疑指称的作用更有冲击力。虽然鸟儿不懂空气动力学也能飞,但人要是不懂空气动力学,就不能造出能飞的机器;而机器要是不能意识到空气动力学的意义,它自己恐怕也飞不起来。大自然造物和人造物是有根本区别的,别和老天爷比高低。

如果说维特根斯坦是在通过观察鸟儿来研究空气动力学的话，那么乔姆斯基就是在研究鸟儿是怎么借助翅膀飞起来的，所以他还得考虑物理问题，结论就是鸟儿独特的生理结构使之天生就有飞的天赋，所以其实还是没说清楚，只能反证维特根斯坦是对的：鸟儿之所以能飞，恰恰是因为由大自然创造的鸟儿体内有某种"不可说"的神秘天赋，这种"不可说"的神秘天赋（就像乔姆斯基所说的人类学习语言的天赋，在这里就是鸟儿会飞的天赋）就蕴含在鸟儿独特的生理结构中。在研究清楚空气动力学之前，鸟儿当然还可以飞，但人类不太可能造出能像鸟儿一样飞的机器。

回到语言问题上来，这就相当于，维特根斯坦和乔姆斯基两人都认为语言能力是人之所以为人的一个标志，那么这个能力是如何获得的呢？乔姆斯基认为，固定的指称语义并不存在，把人获得句子语义的能力说清楚就行了，进而把句子的语法获得能力说清楚就行了，这些就足够回答这个问题了，句子的（深层）语法是内嵌在人的生理机能里的，这才是人区别于其他生物之所在，而词的语义是很容易学会的，无须专门去说。而维特根斯坦则认为，逻辑是客观的、先天的、需要去发现的，指称语义获得能力才是人的灵性所在，是神秘的，得把初始的指称语义获得能力说清楚了，才能回答这个问题。

简单来说，乔姆斯基认为句子语法获得能力是人的天赋，是人的生理机能内嵌之物，是题眼，指称关系是故弄玄虚，固定的指称语义根本不存在，不值得研究。维特根斯坦却认为，指称语义获得能力是人的灵性所在，是"不可说"的神秘之物，是题眼，逻辑是自明的，"只要我们知道每一个别记号如何起标示作用，逻辑句法的规则就应当是自明的"。《逻辑哲学论》里的这句话其实有一个隐含的意味：乔姆斯基想的问题、得到的认识，维特根斯坦其实早就想过了，并早已超越了这个问题，而且否定了乔姆斯基得到的认识，也就是说，他的算法复杂度在乔姆斯基之上。而对于维特根斯坦想的问题，乔姆斯基可能像图灵一样，还没意识到。维特根斯坦上面这句话可能只是有一点没有点明：虽然逻辑句法的规则应当是可以自明的，但"应当是自明的"并不意味着不用费功夫就能自己明白，而是仍需要下功夫去寻找、去学习（去算）才能显示明白。而乔姆斯基自己又去算了一遍，通过研究最终发现：哦，句法的深层结构原来是天赋的，相当于把"逻辑应当是自明的"这句话又证明了一遍，并且认为这就到达了天赋与后天学习的界限边缘，所以直接把句法深层结构和人的生物机能联系在一起了，并直接否定了"只要我们知道每一个别记号如何起标示作用"这个维特根斯坦认为才是真正应该被视作（更精准的）界限的东西，所以说乔姆斯基思考的颗粒度还是粗了点。所以，乔姆斯基一直困惑于"被称作心智性的"特征是如何与"大脑的器官结构"产生联系的。对于这个困惑，在他思考的颗粒度上是构造不出合适的问题的，因为这里面的关键就是维特根斯坦所说的神秘之物。

如果用以解释人的语言能力获得的问题，乔姆斯基思考的颗粒度就够了。但要分析机器的语言（语义）能力获得的问题，或者比较人和机器的话，这个颗粒度就不够了，必须要到维特根斯坦那个颗粒度才行。

如果乔姆斯基是对的，那就意味着，人不用去研究空气动力学，仅研究鸟儿的翅膀就可以造出能像鸟儿一样飞的机器。如果维特根斯坦是对的，那么空气动力学根本就研究不清楚，因而造不出这样的机器。你觉得或者希望谁对？

## 5．对维特根斯坦的理解

我认为，乔姆斯基和图灵一样，在维特根斯坦所达到的哲学高度面前，都显得太年轻了。就逻辑而言，没有人能超越（甚至没有人能登上）维特根斯坦曾经攀上、或者说他一手造就的那座高峰，而他在峰顶看到的景色（包括问题）是别人无法看到，甚至无法想象到的。看似他后来放下逻辑利剑、拿起指称语义是回复了平静，其实他是在心里到达了一个更高的新境界，尝试进入一个他在峰顶眺望时看到的，但无人能到的神秘之境，这个境界并不为人所理解、所关心、所知晓，即使是罗素、图灵、乔姆斯基这样的天才。所以，他在后来只能以自嘲的方式独孤求败，跟自己过不去。因为，他不自嘲，别人也会嘲讽他，直到现在依然如此。

维特根斯坦所做的事情，正如他在《逻辑哲学论》前言中所说，是"为思想的表达划一个界限"——"思想的表达"不就是形义相联的信息（符号）的生成么，所以他必须要"想到这界限的两边（这样我们就必须能够想那不能想的东西）"。在界限这一边，"凡是可以说的东西都可以说得清楚"，所以关于逻辑的东西他在《逻辑哲学论》里都已说清楚了；在界限那一边，"对于不可谈论的东西必须保持沉默"，所以在《逻辑哲学论》里他提到但没谈论关于指称的东西。但在《哲学研究》里他忍不住又专门探查了指称这个东西。他等于是到了逻辑峰顶、看到了逻辑的边界之后又下到了"不可说"的神秘之地，有没有人去过不知道，我估计老子可能意识到了，但不一定去过，佛陀有可能去过，其他人就没听说过了。

换句话说，乔姆斯基和图灵以及很多人一样，都认为世界上的事，至少语言能力获得这件事，不是逻辑解决不了的问题，而维特根斯坦却认为，这件事确实是逻辑解决不了的。尤其是数理逻辑一脉如哥德尔等众多高手，就像香农的一大票追随者自以为统计信息论就是信息论的主流甚至全部一样，自以为他们手中的数理逻辑就是哲学的主流甚至全部了。维特根斯坦的数学水平也许不如他们精深，但他的逻辑高度和哲学眼界远非他们能比，在他们眼里，逻辑就是全部，用数学的方法把逻辑的坑往深里刨就行了，而在维特根斯坦眼里，那才只到半山腰。没有数学，逻辑做不到那么精确和精致；但完全数学化，则必然给逻辑画地为牢，眼界放不到逻辑以外。之所以有这种差别，我认为，还是因为维特根斯坦以外的人，都没登上过逻辑的峰顶，所以不知道逻辑的边界在哪里。虽然他们可能也听说过、也相信有神秘这回事，但神秘和逻辑之间的界限在哪里，他们不知道。虽然维特根斯坦苦口婆心地说了又说，但是奈何他们听不懂、不相信，所以维特根斯坦只换来了各种冷嘲热讽。相比之下，维特根斯坦倒像是一个彻底的唯物主义者，尽管后来看上去很失败，而他们则像是完完全全的唯逻辑迷信者，他们对逻辑的迷信就像是詹姆斯·奥尔沃德·范弗里特（James Alward Van Fleet）对弹药量的迷信那样，在他眼里，没有什么阵地是十万发炮弹解决不了的，如果十万发不行，那就再来十万发，直到志愿军在上甘岭打破了他的迷信。"图灵们"用贝叶斯逆向概率推理计算语义也是如此，他们认为没有什么是逻辑解决不了的，一轮逻辑计算不行，那就加大数据量，再来一轮。不同的是，直到今天，逻辑一脉一直在高歌猛进，并没有什么事情或事实打破他们的迷信。

所以，面对指称这一寻常之物，他们觉得这无论如何都不应该就是所谓的神秘之物。传说中的神秘之物，应该很神秘、很难见到才对。但实际上，按照维特根斯坦的说法，指称只是神秘的显示，不是神秘本身，它是神秘的入口。要想探查神秘，就得从观察这个神秘的显示之物开始，没有别的法门。

不过，面对维特根斯坦的真诚，我觉得需要为大家和我自己再辩驳一次（或找点借口）的是，这事也真的不能怪大家，因为谁也不能非逻辑地思考，对大家来说，思维、思考就是逻辑地思维、思考，而我们也只能逻辑地思维、思考，包括维特根斯坦自己在内。

 **关于"强人工智能和 AI 能否获得意识"的问题**

回到本章开始的问题：AI 到底能不能实现强人工智能（获得顺应语境的语义迁移能力）？ AI 到底能不能获得意识？

### 1．到底该问什么问题

我们先把这两个问题的顺序调换一下。

一是 AI 能不能获得意识。从人类经验来看，小孩子获得自我意识往往是在获得指称语义之后。比如，小孩子往往在 15～18 个月大时（获得意识之前）就能完全理解"妈妈"这个指称的含义（此后还会继续修正和调整）。因此，应该问的问题是，已经获得谓词逻辑语义能力的 AI 是否能够获得指称语义及其背后的意义。因为，人类要获得意识，就要先获得指称语义及其背后的意义。

二是 AI 是否能获得顺应语境的语义迁移能力，即在不同语境下理解同一个词（或同一组发音）的不同含义。我们仍然只能以人类的经验为参照。人类智能的经验是，先获得指称语义能力，再获得逻辑能力，从而获得完全语义，并可以顺应语境的变化，自如地调整（迁移）指称和完全的语义。

比如，在马三立说的相声《逗你玩》里，对于看护被子的小孩来说，在他的语境里，"逗你玩"就是拿（偷）走被子的那个人的指称，此前那个人（小偷）已经训练了小孩好几遍，让他获得了这个指称的含义；对于小孩妈妈来说，在她的语境里，"逗你玩"则是一件事，是小孩子在淘气地开玩笑，这个含义是多年语言使用学习形成的一个统计性结果——绝大多数情况下人们开玩笑时都会（才会）说"逗你玩"。所以，在不同的语境中，"逗你玩"这个词组（或这个发音）是完全不同的含义。从现在的技术进展来看，AI 距离获得顺应语境的语义迁移能力应该还差得很远，比如之前网上流传的 AI 把印刷在公交车身上的广告中的人脸形象错误地识别为违反交通规则的行人（不知是否确切）。

按照维特根斯坦对语言的分解，这种对不同语境下同一个词（发音）的不同含义的理解问题，最后仍然会归结为不同语境下同一指称的不同语义的问题，而这个语义的不同来源于意义的不同，和逻辑一点关系也没有。或者说，仅凭逻辑计算是得不到这种能力的。

所以，本章开头提出的这两个问题最后仍然会归结为是否能够获得以及如何获得指称语义及其背后的意义的问题。对于 AI 来说，值得讨论的问题就变成了以下两个：一是 AI 能否（像人一样）获得指称语义及其背后的意义；二是在不具备类似人类心理、人体生物机能的条件下，AI 是否有可能绕过这些心理条件和生理条件直接获得指称语义及其背后的意义。

## 2. 关于自我意识及其形成

关于自我意识的表现，现在经常引用的是 1970 年戈登·盖洛普（Gordon Gallup）开创的动物镜像测试，就是在动物面前放一面镜子，看它能不能知道镜子里显示的是自己的像。其实，就是看它能不能意识到它看到的对象其实是自己的像，而不是另外一个和自己无关的对象，如果动物能明白，就表示它有自我意识。所有现代类人猿（倭黑猩猩、黑猩猩、大猩猩、猩猩），猕猴，瓶鼻海豚，逆戟鲸，大象，欧洲喜鹊，经过训练的鸽子等都通过了镜像测试。

在动物镜像测试中，没有自我意识的动物，可能攻击镜中自己的镜像，也可能无动于衷，也就是对它们来说，镜中像没有意义。就像《不能承受的生命之轻》中所写的，伊甸园中俯身探向泉水的亚当，根本不知道他看见的映在水中的那个依稀的黄色小点就是他自己。没有自我意识的另一个极端例子是，爱上自己在水中的倒影（没有意识到水中的像是自己的倒影）的那喀索斯。

人们不禁会想，假如在 AI 面前放一面"镜子"那会怎样？它有一天会认得自己吗？

## 3. 人类如何获得自我意识

人类镜像测试显示，小孩子一般在 15～18 个月时就能识别出镜子中的自己，也就是获得了自我意识。这种自我意识是如何获得的，至今尚无解释。

弗洛伊德提出了自我（ego，自我意识）、本我（id，无意识的原生动物表达）、超我（superego，广义上的良知）的人性理论，认为人类的自我产生于本我。按照这个理论，自我意识是逻辑能力形成的体现，但它来源于非逻辑的原因。

科学家通过从神经生理学、行为学和神经解剖学等方面对动物意识现象的综合研究发现，在不同进化水平上，动物会有复杂的、与意识相关的神经活动，即伴随意识活动的脑区和相关神经核团产生兴奋等生理变化，但还没有关于意识是如何产生的进一步发现。有学者认为，目前意识基本上还是不可探索的，属于永远无法回答的问题。

我们也只能基于这些研究进展进行推论。人们发现,小孩子在获得自我意识之前,一般一岁左右就能够获得关于妈妈、爸爸、玩具等一些对象的指称语义能力。可以猜测,小孩子可能是先获得一些相对于自己的(本我以外的)、可区别的对象的意义后,才能相对意识到自己的存在和意义,即获得对自我的意识。所以,人的成长应该是先获得了最初的意义,学会了最初的指称语义,才能获得自我意识。因此,自我意识不是逻辑的结果,而是逻辑能力形成的表现。也就是说,在边缘计算机和缓冲计算机的引导下,主计算机进入了预启动状态。主计算机准备进入逻辑计算状态的前提是它先获得了与边缘计算机和缓冲计算机相关联的指称语义背后的意义。

那么,对于先行获得了逻辑计算能力的 AI 来说,它能够不按这个顺序,不经边缘计算机和缓冲计算机的引导而获得指称语义背后的意义吗?

## 4. 关于意义和指称语义产生的猜想

从人类经验来看,儿童获得指称语义的过程,表面上是通过教育、训练、学习(语言游戏)等过程实现的,看起来很简单。所以图灵认为对机器进行训练也可以做到这一点。实际上,这只是外在表现,内在的意义的产生过程对我们而言仍然是神秘的东西。

关于意义和指称语义是如何产生的这个问题,我们可以借助心理学、生物学等学科的研究进展再做一些推测或猜想。

我们先把心里的镜子打开,它由主计算机、缓冲计算机和边缘计算机这 3 台计算机协同运行。如图 4-14 所示,可以先对感性之光进行如下推测,对象的信息经人体感官感觉后,分别到达主计算机和边缘计算机形成感知(到达边缘计算机的为感觉,到达主计算机的为知觉),这些信号并不直接到达缓冲计算机。主计算机和边缘计算机分别对由感官传来的电信号和化学信号进行处理,再交给缓冲计算机来计算这些信号对人（本我）意味着什么，即意义，是有利于本我，还是不利于本我，是亲近本我，还是疏远本我，是愉悦本我，还是恶心本我，等等。所以，最后的意义可能是由缓冲计算机，即大脑中负责情绪的部分来产生的。当然，这也仅仅只是猜测，对意义的判定有可能也涉及主计算机或边缘计算机。因此，这3台计算机之间的协同或互动，以及最后由缓冲计算机产生意义的过程才是最神秘的部分，还有待科学的进一步发现。这个过程就是由本我（本能）产生自我意识（初级智能）的过程。所以，看似最平淡无奇、最无关紧要的那个东西，可能才是最重要的。

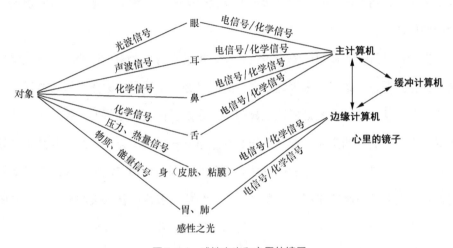

图4-14　感性之光和心里的镜子

同样，我们也可以对理性之光做一下推测。正常情况下，缓冲计算机将产生的关于对象的意义传回到主计算机，由主计算机选择适当的信号输出方式，最好用的就是语音（声波）信号，所以它也成为最初和最常用的意义表达载体，进而我们把表达出来（输出）的意义称为（指称）语义（要是当初用了眼神而不是语音的表达方式，可能现在就得叫眼义了，指称语义就得叫指看眼义了）。这个过程也有很强的神秘性和偶然性，人们也还没有完全搞清楚，也有待科学的进一步研究。其偶然性例如，为什么用了开口音而不是闭口音说"我"，为什么用了平声而不是扬声或降声说"一"，等等。

在可用于表达的信号当中,除了最好用的语音信号,还有不太好用的眼神、肢体、压力等信号,比如袖里吞金的讨价还价就是一种肢体压力信号方式。如果是用语音信号表达,则由缓冲计算机把意义传给主计算机,主计算机直接指挥发声相关的机体组织来完成。如果用眼神信号表达,也是如此。如果用肢体或压力信号表达,则在缓冲计算机把意义传给主计算机后,主计算机再将意义传给边缘计算机,最后是由边缘计算机指挥运动、动作相关的机体组织来完成的。自然,这些非语音的意义表达就都不能称为语义了,因为和语音、语言无关。人不像某些动物还可以用气味、超声波、次声波等信号来表达(因为人体没有可实现这些功能的机能结构)。

当然,从最初用简单的语音表达意义,到后来再加上由主计算机进行逻辑处理后的完整语言(语义)来表达意义,其间又经历了漫长的进化和学习过程,用语言来表达意义的过程就这样建立起来了。这是现在人们理解的完整的人类智能形成的标志。之后的文字、数字符号等都是语法符号的变化,这些符号并不是最初的信号,而是经过了一定的逻辑处理之后的东西。比如,汉字的会意字就是经过逻辑处理后的一种文字符号,象形字应该是最初表达指称语义的符号,它的偶然性似乎比字母文字要小一些。人们对用文字符号表达出来的意义沿用了语言表达的名称,也叫作语义。

此外,在非正常情况下,比如主计算机宕机或者休息的时候,意义的输出也可能由边缘计算机来执行,比如人在道德两难问题上或在梦境中的行为表现。无论哪种情况,意义的信号都不会由缓冲计算机直接输出到外界(正如它不会直接接收来自外界的信号),因为缓冲计算机和外界之间没有直接的信号传输渠道。

同一个对象在不同的环境下(或环境信息通过主计算机和边缘计算机对缓冲计算机造成的不同情绪影响下),经缓冲计算机计算得到的意义是不同的,进而映射在不同语境中的(指称)语义是不同的。人脑的3台计算机相互协调,容易建立起这种顺应语境的语义迁移能力,形成人类的智慧。

## 5. 真正该担心的事情——机器会不会"顿悟"

AI 目前只是能够进行逻辑计算的主计算机，还不具备获得指称语义背后的意义的能力，也不具备缓冲计算机和边缘计算机的计算功能。从上述人类经验来看，人们（或者 AI）还不具备设计、构造这种缓冲计算机、边缘计算机的能力，因而 AI 获得这种能力应该还有相当远的路要走。除非 AI 的主计算机能够通过某种神秘之物（比维特根斯坦说的神秘之物更神秘，或者另外一种目前人还不能想象的神秘）"悟"到指称语义背后的意义。

在不具备类似人类心理和人体生物机能的条件下，AI 是否有可能绕过这些心理和生理条件直接获得指称语义背后的意义，才是人们该担心的问题。

比如，会不会有某种人类不能理解或无法想象的神秘或偶然方式，类似于程序出现偶然的 bug、机器电压或电流突然异常等可能使之发生"突变"的因素，会不会使机器意外"顿悟"出这种能力。因为就人来说，指称语义的获得也是非常神秘或偶然的事情，"偶然特征是随同产生命题记号的特定方式而来的特征"，而其背后的意义的获得，现在只知道很神秘，是否具有偶然性甚至都无从想起，如果说"逻辑之外的一切都是偶然的"，那应该也是具有偶然性的。所以，对机器来说，偶然性也不是完全不存在的。

换句话说，只要 AI 没有获得指称语义背后的意义，它就永远不会有意识，而只是一件工具。但这件工具可能发展成有史以来最锋利的一把双刃剑，人们需要担心的是，这把双刃剑由谁掌握。一旦 AI 哪怕是偶然一次获得了意义，可能也就再也无法阻止它获得意识，它将不再只是一件工具，那时候人们才需要担心自己的命运。

 **关于"顺应语境的语义迁移能力"的研究**

顺应语境的语义迁移能力被视为人类智能的重要标志，也往往被用来判断 AI

是否可发展为强人工智能（通用人工智能）。

## 1．直觉、暗默知识、类比和隐喻

从人类的经验来看，知识，尤其是跨度较大的突破性知识，往往并非来自经验观察和理性推理，而是来自直觉或非理性的联想。这是很多哲学家和心理学家也注意到了的事情。不过，他们大多是发现了这些带有神秘色彩的情况的存在，并且做了相关描述（显示），很少真正考虑或研究它是如何发生的。像波兰尼提出的暗默知识、道格拉斯·理查德·侯世达（Douglas Richard Hofstadter）提出的类比、乔治·莱考夫（George Lakoff）和马克·约翰逊（Mark Johnson）提出的隐喻等，都是这个方向上有代表性的研究。当然，我认为相对于维特根斯坦对指称的探究，这些研究就如之前所说——都是在半中间的研究。

## 2．波兰尼的暗默知识

波兰尼论述了个人直觉在科学发现中的重要意义。他提出，很多科学源于猜测和直觉，科学进步"往往呈现格式塔的特点，仿佛人们突然'领悟'了之前认为毫无意义的东西"，"科学家比自身想象的更加依赖直觉"，并提出了只可意会不可言传的暗默知识（也译为意会知识、隐性知识）的概念，认为这种暗默认知才是一切知识的基础和内在本质。由此，人们把对从外部搜索"神秘之物"的目光投向了人脑内部，把集中于逻辑上的注意力扩展到了逻辑以外的东西。在波兰尼看来，科学是宗教社会天然的副产品，科学对客观的先验真理的追求，本质上基于宗教信仰的精神，只不过它的发展远远超越了宗教的发展。这也是他被许多科学家、哲学家批评的原因。

## 3．侯世达的类比

侯世达在《哥德尔、艾舍尔、巴赫:集异璧之大成》一书中列举了不少神经、意识与语义获得之间关系的例子，尝试寻找能够界定、分析其间关系的问题。他在《表象和本质：类比，思考之源和思维之火》一书中又列举了大量人类通过类比进行思考的例子，并提出类比（analogy）是人类认知的核心。其中包括大量词语的类比理解的例子，如"妈妈"这个指称是如何产生的，以及"妈妈"是如何由一个具体的词语（指称）抽象形成一个类型的概念的，又是如何修正和调整的，可见认知科学家对从词语到概念的研究比较深入，而对指称语义及其背后的意义（从心理和本能感受到词语的意义）的形成还是以举例方式来说明，还没有形成理论性的解释，也没有什么新的发现。这些也都是对以逻辑为中心的认知理论的批判。侯世达对类比的研究限定在心理学范围，不涉及生物学中对人类大脑的研究，也没有采用维特根斯坦曾建议的逻辑学或数学的研究方法。

## 4．隐喻——类比的表兄

侯世达将隐喻（metaphor）称为类比的表兄。

乔治·莱考夫和马克·约翰逊对隐喻做了大量研究，并在《我们赖以生存的隐喻》中进行了系统论述。他们在说明隐喻在基本概念形成中的作用时讲到了与指称相关的问题。概念隐喻解释了一词多义（同一个指称在不同的语境下有不同的语义）现象的系统性而非偶然性，而隐喻来源于（物理的）身体体验或（社会的）文化经验基础。在来源于身体体验的方面，斯里尼瓦斯·纳拉亚南（Narayanan）提出了隐喻神经理论并对相关现象加以解释，比如，"亲情就是温暖"的基本概念隐喻就是来自孩子被父母深情拥抱的身体体验，神经理论将此解释为：位于大脑不同部分的掌管情感的和掌管温度的神经元同时被激活，一起被激发的神经元之间的连接增强，脑区间适当的神经连接被募集，这些连接从物理上构成了"亲情就是温暖"的隐喻。来源于文化经验的原因则可在社会基础中得到支持（如涉及道德情感的隐喻），但对于隐喻的这种经验基础尚没有解释，人们对此知之甚少甚至一无所知，而这些可能就是维特根斯坦所说的"不可说"的神秘之物中最神秘的部分。乔治·莱考夫和马克·约翰逊对客观主义神话的意义观的批判，也部分解释了弗雷格不能理解维特根斯坦的原因，因为弗雷格把意义作为无实体的客观之物，与个人相关的只是主观的观念而不是意义，这个说法延续至今。人们把信息的语义混同在信息的语法符号里也是如此，如果不是香农做了分离，可能到现在大家仍然将其混在一起。而乔治·莱考夫和马克·约翰逊明确表示，在意义中发挥核心作用的是人类经验和理解而非客观真理。例如，科学理论最直觉的吸引力在于其隐喻在多大程度上与人的经验相吻合。

上述这种与心里的感觉相关的隐喻是每个人都可以感觉到的。我们在本章把心里的东西比作心里的镜子，和我们的日常感觉经验也相符，比如，我们经常在认为自己想明白了一些事的时候，会说（实际上也会感觉到）"自己的心里一下子透亮了"，实际上就是把心里的那种感觉比作镜子的通透，所以我们经常说"心里跟明镜似的"。

## 5．最神秘的地方

追溯到隐喻的神经基础，应该就是乔姆斯基和赫尔伯特·西蒙所说的人类的"洞察力""悟性"以及神秘所在的物理部分了，即他们认为 AI 不可能实现的能力，这也是目前西方哲学对此问题解释的最前沿了，这里面剩下的就是真正"尚不能解释、对此知之甚少甚至一无所知"的"最神秘之物"了——现在我们只能推测它存在于人脑的缓冲计算机和边缘计算机之中。

## 6．批评与辩护

这些研究和维特根斯坦对"不可说"的研究一样，受到了不少哲学家、逻辑学家的批评和奚落，尤其是研究逻辑实证主义、分析哲学的学者，不过这些批评并不能否定隐喻的鲜活性和生命力，也不能否认非逻辑在思考中的重要作用。侯世达搬出了康德、尼采等人为类比和隐喻做辩护，说康德认为类比是所有创造力的源泉，而尼采说真理就是移动着的隐喻大军。最有意思的是，侯世达引用了托马斯·霍布斯（Thomas Hobbes）、加斯东·巴什拉（Gaston Bachelard）等哲学家通过精彩的隐喻来批判比喻、类比、隐喻的话，以显示这种批判的尴尬和无力。霍布斯在《利维坦》中对隐喻不屑一顾地表示，"人类思想之光，都在清晰明了的词句中，以精准之定义将歧义消除……隐喻，与意义不明、带有歧义的语句一样，乃虚幻缥缈之鬼火；以之为基础进行推理思考，就似在无数谬论中游荡"，巴什拉说，"一门接受比喻形象的科学，毫无疑问就是隐喻的受害者。因此，科学家们应该永不停止对比喻形象、类比和隐喻的斗争"。

这些研究都支持一个结论：暗默知识、类比、隐喻等这些看似不严谨、无逻辑的东西绝非仅凭理性思维推理就可以得到的，而这些非逻辑的东西恰恰是构成人类思维（智能）的重要组成部分，甚至是最本质的东西。万一有一天 AI 站到了人类的对立面，这种非逻辑的东西可能是人类唯一能够自保的手段，因为逻辑之路将会被 AI 全部计算周全。尽管这种非逻辑的智能也未必一定胜得过逻辑的智能。

##  "西医"和"中医"

### 1. 哲学治病

在《哲学研究》第一部分第 255 条中，维特根斯坦说，"哲学处理问题就有如治病一般"。

对于上述神秘之物，西方哲学、心理学、语言学、神经科学等"西医"还没有进一步的解释或发现。只有一个结论，这个神秘之物是高度或完全依赖个人的东西。

在《哲学研究》第 255 条之后紧跟的两段话（第 256～257 条）中，维特根斯坦说，"那种描述我的内在经验并且只有我自己才能懂得的语言究竟是怎回事？我是怎样使用词来表示我的感觉的？"，"如果人类没有表现出他们的痛（他们没有呻吟，他们的脸也没有因之而变形，等等），那会是什么情形？那就不可能教会孩子使用'牙痛'一词"。这个，怎么看怎么像中医的思路，而不像西医的思路。

## 2."中医"和"西医"

"西医"可能已经走到了极限，也许真的该是以个人不可言传的经验（暗默知识）见长、讲究"同证异方或同方异证"的"中医"出场的时候了。但到目前为止，"中医"似乎还没有什么表现。

其实，老子早已对维特根斯坦关注的问题做过类似的描述，或者说他的道家哲学也适用于描述维特根斯坦关注的问题。如《道德经》第一篇所说，"道可道，非常道；名可名，非常名。无名，天地之始；有名，万物之母。故常无欲以观其妙，常有欲以观其徼。此两者同出而异名。同谓之玄，玄之又玄，众妙之门"。有人译成白话文为，"可以用语言表达的道理，就不是永恒的真理；可以用文字描述的概念，就不是永恒的概念。无法用言辞表述的初始状态，那是鸿蒙宇宙的本来面貌；已经用言词确定了的概念，那是自然万物的生身母亲。经常保持虚无的状态，这是想要观察世界的幽微本质；经常保持实有的状态，这是想要观察世界的明显表象。虚无与实有，这两者同出于人心，却有不同的名称。无论是虚无还是实有，都可以说是玄秘的现象。玄秘中的最高玄秘，那就是一切奥妙产生的根源"。如果我们不这么翻译，而是用本章中的常用词"真理（语言道出）、指称（称）、不可说、名称（记号）、感性之光、意义、理性之光、语义、神秘"替换其中的"道、名、无名、有名、无欲、妙、有欲、徼、玄"，大家可以再读一下，是不是很像我们之前讨论的指称问题。比如，维特根斯坦对"读"的体验的细微描述是不是就是"常无欲以观其妙"，意义和语义是否"同出而异名"。所以，我认为老子的这段话也可以看作是对指称问题的一个"显示"。

若真如此，则可以证明维特根斯坦的以下观点，"逻辑的探究就是对所有符合规律性的东西的探究，逻辑之外的一切都是偶然的"，"偶然特征是随同产生命题记号的特定方式而来的特征"，即规律性的东西是客观的，按照逻辑去发现就好，而指称语义的形成和表达方式的选择则是偶然的。所以，中西方哲学对意义的探寻殊途同归，分头出发，最后得到了一样的认识，但在表达上却选择了不同的方式，也就不是什么奇怪的事情了。

## 3．"中医"可期待吗？

关于回答下面这个问题——如何获得指称语义及其背后的意义，我们能期待接下来"中医"会有什么表现吗？

现在"中医"里比较接近这个问题的回答的，也不是逻辑的方法，而是非逻辑的方法，归结为一个字，就是"悟"。有佛教的"开悟"说，佛祖传衣钵给摩柯迦叶（西天禅宗初祖）时的"拈花一笑"，佛教汉化尤其是融合道家哲学后禅宗的"顿悟"说，道家的"得道"说，还有王阳明心学的"龙场悟道"案例，或者还有其他？但这些都仍然是"无法说"或"不可说"的东西，因而没有进一步分析的条件。

也许还有一个比较接近的隐喻故事——《西游记》。《西游记》中有3个"悟"字辈的主人公：悟空就像主计算机，理性、精确、迅速、直接、心如石头、眼里揉不得沙子、做事不留余地、狂妄自大（被感化后有了感情）；悟能（八戒）就像边缘计算机，好吃懒做、好逸恶劳、贪图享乐，在悟空（和观众）眼里就是个"呆子"；悟净（沙僧）就像缓冲计算机，看起来没多大本事、只会和稀泥，只会说"大师兄说得对""二师兄说得对""大师兄和二师兄说得对""师父说得对"，缺乏存在感。就是这么3个徒弟，要保护师父唐僧（就像大脑外壳或皮囊）去西天取真经，也就是靠着这3个"悟"字辈的徒弟才能最终取（"悟"）到真经。既然悟能和悟净没什么本事，净拖后腿，如果只留悟空一个，能不能取到真经呢？

如果把智慧作为智能的比较级或最高级，那么只有一台主计算机可以得到某种智能，而只有这 3 台计算机协同运行才能得到智慧。这个故事里应该可以挖掘到关于 3 台计算机计算和协调的一些隐喻线索，但是现在还没有找到头绪。现实中，很多成功的团队也都是由 3 台类似的"计算机"组成的"大脑"运作的。只不过很多时候，主计算机太过耀眼，让人们忽视了其他两台计算机的作用。

之所以觉得这个隐喻故事可能值得挖掘，是因为弗洛伊德关于人脑中有本我、自我、超我这 3 台计算机的猜想也未必一定就是真理，现在并没有有力的物理证据来证实或证伪他的猜想。而隐喻故事讲的也未必都是乱猜。比如，把唐僧比作皮囊也未必合适，因为只有他才能够抑制悟空，才能协调 3 个徒弟之间的关系，并做出最终决策，而且他看起来也没什么本事，似乎把他比作缓冲计算机更合适，那悟净的角色又是什么呢？是不是可以猜想，人脑中不只有 3 台计算机在运行呢？不管是参照弗洛伊德，还是参照《西游记》的故事，我们对大脑中情况的类比或隐喻，都仍然只是猜想。对于"不可说"的事情，我们还是不清楚。

在《西游记》里，还有很多值得挖掘的故事，最神秘、"不可说"的还是"真假美猴王"的故事，这个故事很有深意，因为它把负责理性计算的主计算机一分为二了。按照"凯叔讲故事"对这个故事的演绎，真假美猴王实际上是一颗心一分为二（有点像佛祖座前那两颗永远纠缠在一起的灯芯，或者像量子纠缠），这颗心总是在生出一个念头的同时，又生出另外一个念头，这两个念头无所谓善恶，只是不同，但是这个不同又有什么奥妙，还无从得知。

# 附录一

## 《哲学研究》第156～171条[①]

分析信息

---

[①] [奥]维特根斯坦.哲学研究[M].李步楼,译.陈维杭,校.商务印书馆.1996年11月.pp92-105.

156. 如果我们插入对另外一个词"读"的考察，那么这一点就会变得更清楚。首先，我必须说明，为了现在的研究，我并不把对所读的东西的意义的理解算作"读"的一部分：在这里，读是把书写的或印刷的东西朗诵出来的活动；也是按口授进行笔录的活动，把印的东西写出来的活动，按乐谱进行演奏的活动等等。

"读"这个词在日常生活环境中的用法，我们当然是十分熟悉的。但是，对于这个词在我们的生活中所起的作用，以及对于我们使用这个词的语言游戏，就连其粗略的轮廓也很难描述。一个人，我们说的是一个德国人，在学校里或在家中接受某种在我们之中颇为普通的教育，并在这过程中学会了读他的母语。之后，他读书，读信，读报，读别的东西。

现在，当他比如说在读报时发生的是什么情况呢？——他的眼睛跟着印刷的词移动——像我们会说的那样——，他大声地或者只是自言自语地把这些词说出来；特别是他读有些词时是把印出来的形状作为整体来接受；而读另一些词时他在眼睛接受第一个音节时就读出来；还有一些词，他是一个音节一个音节地读的，偶尔有一个词也许是一个字母一个字母地读。——对于下面的情况我们也应该说他已经读了一个语句：即他在阅读时既没有朗读，也没有自言自语，但是之后却能逐字地或几乎逐字重复这个语句。他可能会注意他所读的东西，或者——我们可能会说——他只是起一架阅读机器的作用：我是指，他大声并且正确地读，但并不注意所读的东西；也许他把注意力用到了完全不同的另外的事情上。（所以，如果在他读过以后马上问他，他就说不出来他一直在读的是什么。）

现在让我们把这个读的人同一个第一次读的新手比较一下。新手在读词时总要吃力地把它们拼读出来——然而有些词他从上下文猜了出来，或者也许在心中已经部分地知道这一段文字。这时，他的老师会说，他并不是真的在读这些词。（在某些情况下，他只是装作读这些词。）

如果我们想到这种读法，即新手的读法，再问自己什么是读，那么我们可能倾向于说：它是心智的一种特殊的意识活动。

我们也会这样地说起这个学生："当然只有他自己知道他是不是真正在读或者只是从记忆中把这些词说出来。"（我们还得讨论这样一些命题："只有他自己知道……"）

但是我要说：我们必须承认——只要所涉及的是说出任何一个印刷的词——那么，"假装着"读的学生可能同那个熟练的正在"读"的人意识中发生的事情是一样的。当我们说的是一个新手或是一个熟练的读者时，"读"这个词是不同地来应用的。——现在，我们当然会说："对那个熟练的读者和那个新手来说，说出这个词的时候，他们中各自发生的事情不可能是相同的。如果在他们碰巧意识到的东西中没有区别，那么，在他们的心智的无意识的活动中，或在他们的脑中一定是有区别的。"——所以，我们要说：在这里无论如何有着两种不同的机制在起作用。在这两种机制中所进行的活动必定会把读和不读区别开来。——但这两种机制只是假设而已，只是设计好了用来说明、总结你所观察到的情况的模型。

157. 考虑一下下面的例子。假如我们用人或某种另外的生物作为阅读机器，为此对他们进行了训练。训练者谈到其中的一些时说，他们已经能读了，而谈到另一些时则说，他们还不能读。拿一个至今尚未参加过训练的学生为例：给他看一个书写的词，他有时会发出某种声音，这种声音碰巧会"偶然地"大致正确。刚好此时有个第三者听到这个学生的声音，于是说："他在读。"但教师却说："不，他不是在读，那只是一种巧合。"——但是，让我们假定这个学生对以后放到他面前的词继续做出正确的反应。过了一会儿，教师会说："现在他会读了！"——但对前面的第一个词怎么说呢？教师是不是该说："我错了，他是读了那个词"——还是说："他只是后来才开始真正地读"？——他什么时候才开始读的？他读的第一个词是哪一个？这个问题在这里毫无意思。真的，除非我们下一个定义："一个人所'读'的第一个词是他读得正确的第一串五十个词中的第一个词。"（或者诸如此类的东西）

另一方面，如果我们用"读"来代表某种将记号转变为语音的经验，那么，谈论他真正读的第一个词当然是有意思的。此时，他能够比如这样说，"到这个词我第一次有了这样的感觉：'现在我在读了。'"

或者，另一种情况是一架把符号转变成声音的阅读机，可能就像一架自动钢琴那样，那么也许可以这样说："这机器只有在发生了如此这般的情况时，——在这些那些零件用导线连接起来时——它才读：它读的第一个词是……"

但是，对于有生命的阅读机来说，"读"指的是对书写的记号以如此这般的方式做出反应。因此，这一概念完全无关于精神的或其他机制的概念。——在这里，教师也不能这样来谈论学生："当他说那个词的时候，也许他已在读。"因为，对于他做了什么是没有疑问的。——学生开始读时发生的变化乃是他的行为的变化；在这里谈论"他的新状态中的第一个词"是没有意思的。

158. 但是，那难道不是仅仅由于我们对在大脑和神经系统中所进行的事了解得太少吗？如果我们对这些东西有了更加精确的知识，我们就会看到，通过训练建立了何种联系，那时，当我们察看他的大脑时应当就能够说："现在，他已读了这个词，现在读的联系已经建立起来了。"——想来事情一定得是这个样子——因为，不然的话，我们怎么能如此确信存在这种联系呢？事情之所以如此，想来乃是先天的——或者它是否仅仅只是可能如此？那么可能性有多大呢？现在，问问你自己：你对这些事究竟知道些什么？——但如果那是先天的，那就意味着它是我们非常信服的一种说明形式。

159. 但是，当我们仔细地思考这个问题时，我们又想要说：对于任何人是否在读的唯一的真正判据乃是读的**意识活动**，按照字母而读出其声音来的活动。"一个人肯定知道他是真的在读还是仅仅假装在读！"——假定 A 想要让 B 相信他能够读手写体的西里尔字母，他背熟了一个俄语句子，然后再看着这些印出来的词时把背的俄语句子说了出来，就好像他是在读这些词。在这里，我们当然要说，A 知道他不是在读，而且当他假装读着的时候他刚好就知觉到这一点。因为人们在读一个印刷的语句时，当然会有许多多少是特征性的感觉，这类感觉并不难于回想:只要想想犹豫的感觉,仔细察看的感觉,误读的感觉,单词相当通顺地一个接着一个的感觉,等等。同样,人们在把背熟的东西朗诵出来时也有一些特征性的感觉。在我们的例子中,A 不会有任何为读所特有的感觉,但也许会有一套为欺骗所特有的感觉。

160. 但是,请你设想下面的例子。我们给一个能流利地读的人一篇他以前从未见过的文章。他读给我们听——但他的感觉是在把早已背熟的东西说出来(这可能是某种药物的效果)。在这种情况下,我们是否应当说,他并不是真的在读这篇文章?我们在这里是否应该同意把他的感觉当作他读或者没有读的判据?

又假定:给一个受到某种药物作用的人看一串字符(这些字符不一定得属于任何现在的字母表)。他按这些字符的数目说出一些词来,就好像这些字符是字母那样,而且他还带有读的各种外部征象并有读的感觉。(我们在梦中会有这样的感觉;在这种情况下醒来以后,我们也许会说:"我似乎觉得自己在读一些记号,但它们根本不是什么记号。")对于这种情况,有些人会倾向于说,这个人是在读那些记号。另一些人则说,他没有读。——假定他以这种方式将四个符号组成的一组符号读成了(或解释成了)OBEN——现在,我们把这同样的记号次序倒过来再给他看,他就读成 NEBO;在以后的试验中,他总是对这些记号保持同样的解释:在这里,我们肯定会倾向于说,他为自己特设地制定了一种字母表,然后便照着读。

161. 还要记住,在下述两种情况之间,有一系列连续的过渡情形:一种情况是,一个人凭记忆说出他应该读的东西;另一种情况是,他把每个词都一个字母一个字母地读出来,既不借助于从上下文揣测,也不求助于记忆。

试做下面这项试验:说出从 1 到 12 的数。现在看着你的手表的表面字盘并读那个数列。在后一种情况下,你所说的"读"是什么?也就是说,你做了什么才使它成为读?

162. 让我们来试试下面的定义:当你从原文推出再制品时,你就是在读。我用"原文"指你所读的或复制的文本,你据以听写的口述,你据以演奏的乐谱,等等。比如说，假如我们教某人学西里尔字母，并告诉他每个字母如何发音。然后，我们给他一段文字，他就读起来，对其中的每个字母都像我们教他的那样发音。对于这种情况，我们多半会说，他根据我们给他的规则从书写的字样推出了词的读音。这也是读的一个很清楚的实例。（我们可能会说，我们教了他"字母表的规则"。）

但是，为什么我们说他从印刷的词推出了口说的词呢？除了我们教他每个字母如何发音，然后他把这些词大声地读出来以外。我们难道还知道更多的东西？我们也许会回答说：这学生显示了"他使用我们给他的规则把印刷的词转变成口说的词"。——如果我们把上面的例子改变一下，使这个学生不是给我们读出文本，而是要他写出文本，把印刷体转变成手写体，那么就可以更清楚地看出这件事是怎样显示出来的。因为，在这个例子中，我们可以用列表的形式教给他规则：在表的一栏中是印刷的字母，另一栏是手写的字母。而他在从印刷的词推出他的手写这一事实就显示在他查看这张表这一动作中了。

163. 但是，假定他在这么做时，总是把 A 写成 b，把 B 写成 c，把 C 写成 d，如此等等，并且把 Z 写成 a。——当然我们也应当把这种情况说成是通过这张表所做的推导。——我们可以说，现在他是按照第二个图式而不是第一个图式来使用这张表的。

甚至即使这种推导要用一种没有任何简单规则性的箭头图式来表示，它将仍然是按照该表进行推导的一个完全正当的实例。

但是，假定他并不固守单一的改写方法，而是按照一个简单的规则来改变他的方法：如果他一旦把 A 写成 n，那么就把下一个 A 写成 o，再下一个 A 写成 p，如此等等。——但是，这种做法同任意的做法之间的界限在哪里？

但这是不是意味着"推出"这个词实际上并没有意义，因为如果我们追根究底，这意义似乎就分崩离析了？

164. 在例（162）中，"推出"一词的意义是很清楚的。但是，我们告诉过自己,这只是推导的一种特例:穿着特殊外衣的推导。如果我们要知道推导的本质,就得将这外衣剥掉。所以我们除掉了这些特殊的遮盖物,但这时推导本身也就消失了。——为了要找到真正的洋蓟(Artichoke),我们摘光了它的叶子。因为,例(162)当然只是推导的一个特例。然而,对推导来说是根本的东西,并非隐藏在这实例的表面之后。相反,这个"表面"就是推导的实例家族中的一例。

同样,我们也用"读"这个词来指一个实例家族。我们在不同的情况下对人们是否在读应用不同的判据。

165. 但是——我们会说——读的确是一个非常特殊的过程!读一页印刷品,你就会知道有某种特殊的事在进行,某种有着高度特征性的事。——那么,当我读那一页时,到底进行了什么?我看到印刷的字,我把词大声地说出来。但是当然,这不是一切,因为我可以看到印刷的字并且把词大声地说出来而仍然不是在读。甚至即使当我说出来的这些词,根据现存的字母表,被认为是从这些印刷的词读出来时我也仍然有可能不是在读。——而且,如果你说读是一种特殊的经验,那么,你是否按照某种被普遍承认的字母表规则来读,就变得无关紧要了。——而且,读的经验中有特征性的东西是什么呢?

---

"非常特殊的"(气氛)这个表达式的语法。

某人说"这张面孔有一种非常特殊的表情",接着就寻找一些词去刻画它的特征。

---

在这里我会想要说:"我说出来的那些词是以一种特殊的方式出现的。"也就是说,它们的出现并不是像,比如说,我把它们虚构出来时的那种出现。——它们是自己出现的。——但是即使那样还不够;因为在我看着印刷的词时,我有可能偶然想到词的声音,但这并不意味着我读了这些词。——在这里我还要说,我想到这些口说的词也并不是好像(举例来说)有什么东西提醒我想到它们似的。例

如，我不想说，印刷的词"无"总是在提醒我"无"的声音——倒想说，当人们读的时候，这些口说的词简直可以说是溜进来的。是呀，如果我心中没有听到那个词的声音的那种特征性的过程，我根本就不可能看出那个印刷的德语单词来。

166. 我曾说过，一个人在读的时候，口说的词"以一种特别的方式"出现：但是，是什么样的方式？这是不是虚构？让我们看看单个字母并且注意该字母的声音出现的方式。读字母 A。——那么声音是怎么出现的呢？——对此我们说不出什么看法。——现在请写一个小写的罗马字母 a。——在你写的时候，手的运动是怎么出现的呢？同上一个试验中声音出现的方式有所不同吗？——我所知道的只是，我看着这个印刷字母，然后写出手写的字母。——现在，看着这样一种记号 ，并在这样看的时候，让你自己想到一个声音并且发出这声音来。我想到声音"U"，但是我不能说在这个声音出现的方式上有任何根本的区别，区别只在于情况的不同。我事先曾对自己说过，我要让自己想到一个声音；在这个声音出现之前有某种紧张感。我并不是像在我看着字母 U 时那样自动地说出"U"。再则，我对那个记号并不像对字母表中的字母那样熟悉。我非常注意地看着它并对它的形状感到某种兴趣；当我看到它时，我想到一个反写的希腊字母西格马。——试设想你必须把这个记号作为一个字母经常地使用，从而你习惯于一看到它就发出一种特殊的声音来，比如说发出"sh"的音。我们除了说：过了一会儿这个声音当我们看到那记号时就自动地出现，——除了这么说之外还能说什么别的？这也就是说，当我看到它时，我不再问自己"那是一个什么字母"了——当然我也不会对自己说"这个记号使我想发出'sh'的声音来"，"更不会说"这记号以某种方式提醒我"sh"这个声音。

（试把这与下面的想法相比较：记忆意象具有某些特有的特征而与其他心理意象相区别。）

167. 那么，读是"一种非常特殊的过程"这个命题中有些什么东西呢？姑且假定它是指我们在读的时候总会发生一种特殊的过程，而这过程是我们能识别的。——但是，假定我有一次读了一个印刷的语句，另一次用摩尔斯电码把这语句写下来，——其精神过程是不是真的相同？——但是另一方面，在读一页印刷品的经验中肯定得有某种统一性。因为，这是一个统一的过程。而且很容易理解，这一过程和另一种过程（例如，使自己在看到随意画的记号时想起一些词来的过程）二者之间是存在区别的。——因为一个印刷行的样子本身就是非常有特征的——也就是说，它呈现出一种非常特殊的外貌，字母都是差不多一样大小，形状也彼此相差无几，而且经常重复出现；大部分词都经常重复并且是我们极为熟悉的，就像相熟的脸一样。——想想看，如果一个词的拼法改变了，我们会感到多么不自然。（再想一想在词的拼法问题上曾经产生过的更强烈的情感。）当然并非所有记号都对我们产生如此强烈的印象。例如，在逻辑代数中可以用任何一个记号来代替另一个记号而不引起我们强烈的反应。

记住，一个词的模样就像它的语音一样以相同的方式为我们所熟悉。

168. 我们的目光扫过印刷行时的方式同扫过一系列随意的勾勾弯弯和装饰花样时的方式是不一样的。（在这里，我并不是说通过观察读者眼睛的运动便能确定什么东西。）人们会说，目光的移动特别轻松自如，既无停顿，也不打滑。而同时，在想象中进行着不由自主的言语。在我读德语和其他语言用各种字体印刷或书写的东西时情况便是这样。——但在所有这一切中对于读本身来说根本的东西是什么呢？并没有一个在一切读的实例中都出现的特征。（比较一下读普通印刷品和读那种完全用大写字母印的东西——如智力题解答有时就是那样印的，这两者之间有多么大的不同！——或者从右向左读我们的文字。）

169. 但是当我们在读的时候，我们有没有感到词形以某种方式引起我们发声？——读一个语句！——现在再看下面这行东西：

&8§≠   §≠? β   +%   8! '§*

并在看的时候说一个语句。你是不是能感到，在第一种情况下，说话同看到记号是互相联系着的，而在第二种情况下，二者肩并肩地进行而没有任何联系。

但是你为什么说我们感到一种因果联系？因果性肯定是某种通过实验确立的东西，例如通过观察到事件的有规则的前后相随。这样的话，我怎么能说我感觉到某种要由实验来确定的东西呢？（诚然，观察到事件的有规则的前后相随并不是我们确定因果性的唯一方法。）可能人们宁可说，我感到，那些字母乃是我之所以如此读的理由。因为如果有人问我"你为什么如此读呢"——我就指出在那儿的那些字母作为我这么读的根据。

然而，说我感觉到我所说的或想的这个根据，这样说的意思是什么呢？我可能会说：我在读的时候，感到字母对我产生一种影响——但是我并没有感到那一串任意的花体记号对我所说的东西有什么影响。——让我们再一次把一个个别字母同这种花体记号比较一下。我是不是也要说在我读"i"时感到它的影响呢？我是在看到"i"还是在看到"§"时说"i"，这当然有所区别。这种区别就是，比如说，当我看到字母时，我内心里自动地听到"i"的声音，发生这种情况甚至不以我的意志为转移；我读这个字母发它的音要比看着"§"发这个音更加轻松自如。这就是说：我做这个试验时是这样的。但是，如果我碰巧看着"§"这个记号同时发出一个词的声音，其中包含着"i"这个音，那么情况当然就不是这样了。

170. 如果我们没有把看到字母时的情况同看到任意记号时的情况相比较，我们就绝不会想到，我们在读的时候会感到字母的影响。可是，在这里，我们的确注意到一种区别。我们把它解释为受影响和不受影响之间的区别。

特别是在我们故意读得慢一些的时候——为了要看一看在读的时候发生的是什么情况——这种解释尤其能打动我们。当我们所谓故意地使自己被字母引导的时候。但是,这里说的"使自己被字母引导"却又只是在于我仔细地看着字母——也许还排除某些其他的思想。

我们想象有一种感觉使我们似乎知觉到在词的外貌和我们所发出的声音之间有一种连接的机制。因为当我说到受影响的经验、因果联系的经验、被引导的经验时，我实际上想要指的是，我似乎感到了把看到字母和说出字母连接起来的杠杆的运动。

171. 我原可以用别的话来恰切地表达我在读一个词时所具有的经验。我可以说书写的词向我提示了发音。——或者也可以说，当一个人在读的时候，字母和发音形成一个统一体——犹如一种合金。（同样，比如说，各人的面容同他的名字的发音融合在一起，这名字使我听来是这张面孔的唯一正确的名字。）当我感到这种统一性时，我可能会说，我在这书写的词中看到或听到了它的发音。

但是，现在你像通常做的那样读几个印刷的语句而不去想什么读的概念，然后问问自己，在你读的时候是否有那种统一性呀，受影响呀，以及如此等等的经验。——不要说你无意识地有这些经验！也不要被图画所误导，图画暗示我们这些现象"在就近察看时"就会呈现。如果我要描述在很远的地方看一个对象是什么样子，我并不能通过说出就近地察看时可能被注意到的东西而使这种描述变得更加精确些。

附录二

《哲学研究》第255～257条[①]

分析信息

---

① [奥]维特根斯坦.哲学研究[M].李步楼,译.陈维杭,校.商务印书馆.1996年11月.pp137-138.

255. 哲学处理问题就有如治病一般。

256. 那么，那种描述我的内在经验并且只有我自己才能懂得的语言究竟是怎么回事？我是怎样使用词来表示我的感觉的？像我们通常做的那样吗？那么，我的那些感觉语词是否与我对感觉的自然表达联系在一起呢？如果这样的话，我的语言就不是一种"私人的"语言了。还会有别的人和我一样地懂得它。——但是假定我并没有任何对感觉的自然表达而只有感觉呢？此时我就只是将感觉与名称联系起来并在描述中使用这些名称。

257. "如果人类没有表现出他们的痛（他们没有呻吟,他们的脸也没有因之而变形，等等），那会是什么情形？那就不可能教会孩子使用'牙痛'一词。"——好吧，让我们假定这个孩子是个天才，他自己为这种感觉发明了一个名称！——但这样的话，当他使用这个词时他是不能使别人理解他的意思的。——因而，他懂得这个词儿而只是不能想其他人说明它的意义吗？——那么说他已经"给他的痛命名"这意味着什么？他是怎样对痛进行这一命名的？！而且不管他怎么做，他的目的是什么。——当人们说"他为他的感觉起了一个名称"时，他们忘记了如果要使纯粹的命名活动有意义，在语言中我们需要对其做大量的准备工作。而当我们说某人给痛起了一个名称时，我们所准备的就是"痛"这个词的语法：该语法指示了那个新词所应处的位置。

# 附录三

## 计算机器与智能[①]

艾伦·麦席森·图灵

分析信息

---

[①] 本附录部分根据图灵在1950年发表的论文 Computing Machinery and Intelligence 翻译。翻译时参考了人民邮电出版社于2017年12月出版的《人工智能简史》和柳渝科学网博客上发表的本文的译文以及湖南科技出版社于2017年8月出版的《艾伦·图灵传:如谜的解谜者(下)》。

分析信息 香农、维特根斯坦、图灵和乔姆斯基对信息的两次分离

## 1. 模仿游戏

我建议考虑这样一个问题:"机器能思维吗?"这应该从"机器"和"思维"这两个术语的定义开始考虑。定义可能会拘泥于最多反映这个词的常规用法,但这种方式很危险,如果想仅通过考察"机器"和"思维"的一般用法来定义这两个词,那就很难摆脱像用盖洛普民意调查那样的统计方式得出关于"机器能思维吗?"这一问题的意义和答案,但这是很荒诞的。与其这样定义,不如我用另外一个问题来代替这个问题,这个问题和原问题紧密相关,而且用相对明确的词语表达。

这个新问题可以用一个游戏来描述,我称之为"模仿游戏"。这个游戏有3个参与者:1名男子(A)、1名女子(B)和1个提问者(C,男女皆可)。提问者单独待在一个房间里,和其他两人隔离开。游戏的目标是提问者判断出另外两位中哪位是男、哪位是女。提问者用标签X、Y代表另外两人,游戏结束时,他要说出"X是A,Y是B"或者"X是B,Y是A"。提问者可以向A和B提问,例如:"请X告诉我你头发的长度。"

假设X实际上就是A,那么A必须回答。A在游戏中的目标是诱使C做出错误判断,所以他的回答可能是:"我是短发,最长的几缕大概九英寸长。"

为了避免提问者从语调中获取信息,问题的答案应该写出来,最好是打印出来。理想的安排是让两个房间用电传打印通信,也可以通过中间人来问答。B在这个游戏中的任务是努力帮助提问者。她的最佳策略可能就是给出真实答案。她可以作答时加入"我是女的,别听他的"之类的话,但这也可能没用,因为男子A也能作类似回答。

现在我们提出这样一个问题,"如果用一台机器代替A,将会发生什么情况?"。同与一男一女两个人玩这个游戏相比,提问者判断错误的概率是否会发生变化?我们用这个问题替代原先的问题"机器能思维吗?"。

## 2. 对新问题的评论

有人会问，"新问题的答案是什么？"以及"这个新问题值得研究吗？"。那我们不废话，直接考虑第二个问题，以免进入无限循环。

新问题的好处是把一个人的体力和智力做了明确区分。没有任何工程师或化学家敢说他们能够生产出和人类的皮肤完全一样的材料。当然有一天这可能会成为现实，但是让一个"思维机器"具有如人一般的皮肤对于判断它是否真的更像人这个问题来说并没有多大的帮助。我们设置新问题的方式考虑到了这个情况，让提问者看不到、接触不到也听不到其他两位游戏者。这个方式的其他好处在下面的问答示例中体现出来。

问：请以福斯桥为主题写一首十四行诗。

答：别让我做这件事，我从来不会写诗。

问：34 957 加 70 764 等于多少？

答：（停顿 30 秒钟后）105 721。

问：你下象棋么？

答：是的。

问：我的王在 K1，没有别的棋子了，你只有王在 K6，车在 R1。该你走了，你走哪步？

答：（停顿 15 秒后）车到 R8，将军。

这种问答方式似乎适用于我们希望考察的人类能力的任何领域。我们不希望机器因不能在选美比赛中取胜而被责罚，正如我们不希望人因为不能在和飞机的赛跑中取胜而被责罚一样。我们设定的游戏条件让这些能力的不足变得无关紧要。只要参与者认为合适，他们尽可以吹嘘他们的魅力、力量或勇气，反正提问者也不能要求他们实际展示这些。

但这个游戏有一个问题可能会被批评：机器在游戏中的处境过于不利（赔率

太高）了。如果男子试图假装成机器，他显然会表现得很差，他会因算术上的缓慢和不准确而立即被识破。那机器难道不会做一些被认为是思维的事？——虽然这些事与人的思维方式完全不同。这个反对意见确实很有力，但我们至少可以说，如果建造的这个机器可以令人满意地玩这个模仿游戏，那我们就不必被这个反对意见困扰了。

有人可能会建议，在玩模仿游戏时机器的最佳策略不是模仿男子的行为。这是可能的，但我认为这种做法不会起多大作用。无论怎样，我们都不打算研究游戏理论，并且假定机器的最佳策略是努力提供和男子一样自然的答案。

### 3. 游戏中的机器

只有在确定"机器"这个词的意义之后，我们之前提出的问题才能明确。我们自然希望游戏规则允许一切工程技术都可以应用在我们的机器上。我们也希望游戏规则允许这种可能性：一个工程师或工程师团队制造出一台可以运行的机器，但他们却不能令人满意地描述其运行方式，因为他们采用了试验性的方法来设计它。最后，我们希望从机器（定义）中排除以通常方式出生的人。要让定义同时满足这三个要求是困难的，例如，你可能会要求这些工程师都是同一性别，但这实际上也是无法令人满意的，因为通过个人的单个皮肤细胞再造一个完整的个体也不是完全不可能，这将是生物技术领域具有划时代意义的突破，但我们不认为这是"建造思维机器"的案例。这就要求我们放弃对游戏规则允许我们使用一切技术的希望。目前关于"思维机器"的热点通常集中在被称为"电子计算机"或"数字计算机"的特定机器上。因此，我们只允许"数字计算机"参与我们的游戏。

乍一看，这个限制过于严格。我会试着说明实际上并非如此。为此必须先简要审视一下这些计算机的本质和性能。

有人可能会说，如果按照我们关于"思维"的标准将机器定义为数字计算机的话，一旦（相对于我的信念）数字计算机在游戏中表现得不好，我们就会得出结论说只是这个定义不能令人满意而已。

目前已经有许多数字计算机在工作，人们可能要问："为什么不直接做实验？"这样很容易就能满足游戏的要求，同时让许多提问者参加游戏，然后统计出提问者判断正确的概率。对此问题的简要回答是：我们并不是要问是不是所有数字计算机都能在游戏中表现良好，也不是要问现在的计算机中有没有能够通过实验的，而是要问——想象中可以在模仿游戏中表现出色的计算机是否存在？这仅仅是一个简要回答，我们稍后将从不同角度来考察这个问题。

## 4. 数字计算机

数字计算机背后的思想可以解释为，这些计算机旨在执行任何原本由人类计算员完成的运行。人类计算员应该遵守严格的规则，没有一点偏离规则的权力。我们可以假设这些规则写在一本手册上，每次人类计算员被分配到新任务时，这些规则也随之改变。他有无限的纸可以进行计算，也可以借助"台式机器"进行乘法和加法运算，但这并不重要。

如果使用上述解释来定义数字计算机，可能会陷入循环论证。为避免这种情况，我们概述一下达到预期效果的手段。一台数字计算机通常由以下3个部分组成：

（i）存储器；

（ii）执行单元；

（iii）控制器。

存储器用来储存信息，对应人类计算员的纸，不管是用来计算的纸还是用来印刷规则手册的纸。至于人类计算员的心算，还有一部分存储器对应于他的记忆。

执行单元是计算中进行各种独立操作的部分，这些独立操作的内容会因机器的不同而不同。通常，机器可以执行相当长的操作，比如"3 540 675 445乘以

7 076 345 687"，但是有些机器可能只执行"写下 0"之类的简单操作。

上面曾经提到的人类计算员的规则手册由机器中的一部分存储器代替，不妨把它们称为"指令列表"。控制器的功能就是保证指令按照正确的顺序准确地执行，其设计要确保这一点。

存储器中的信息通常被分解成相当小的信息块。例如，在一个机器中，一个信息块可能由 10 个十进制数字组成，这些数以某种系统化的方式被分配到存放在存储器的信息块中。一个典型的指令可能是："把存放在位置 6890 上的数加上存放在位置 4302 上的数，并把结果存入后一个位置。"

但机器是不会用英语表达这个指令的，它更有可能将这个指令编码成如 6809430217 这样的形式，其中 17 表示对这两个数进行的操作，在上面这个例子中就是"加法操作"。可以注意到，这个指令共使用了 10 个数字，正好形成一个信息块，非常方便。通常，控制器都能保证指令按照它们的存储顺序被执行，但是偶尔会碰到这样的指令：

"现在执行存储在位置 5606 上的指令，并从那里继续执行。"

或者是：

"如果位置 4505 包含 0，那么执行存储在位置 6707 上的指令，否则继续。"

后面这种指令非常重要，因为它能使一段指令不断反复执行，直到满足某种条件，但不是通过每次改变指令来实现的，而是一遍又一遍执行相同的指令。可以拿日常生活做个类比：假如妈妈想让汤米每天上学时都到修鞋匠那里看看她的鞋修好没有，妈妈可以每天都跟他说一遍。另一个办法是，在汤米每天上学都能看到的地方贴个便条，告诉他每天到鞋匠那里看一下，当汤米拿回妈妈的鞋时，就撕掉那个便条。

读者必须接受一个事实：数字计算机可以而且就是按照我们提出的原则建造的，但事实上，它们可以非常逼真地模仿人类计算员的行为。

当然，上面描述的计算员使用的规则手册仅仅是一个为了方便的虚构设想，真正的人类计算员记得住他要做什么。如果一个人想让机器模仿计算员执行复杂的操作，他必须告诉计算机应该怎么做，并把指令翻译成某种形式的指令表。这种构造指令表的行为通常被称为"编程"。"给一台机器编程使之执行操作 A"，意味着把合适的指令表传达给机器以使它能够执行 A 操作。

数字计算机的一个有趣变种是"带有随机元素的数字计算机"。它们有特定的指令进行掷骰子或者别的类似的随机过程，例如，一个指令可能是"掷骰子并把结果存入存储器 1000 中"。有时这样的机器被认为是有自由意志的（尽管我自己并不使用这种表达）。我们通常不能通过观察判断出一个机器是否有随机元素，毕竟从 π 的小数部分随意选择也能产生类似效果。

大多数现实中的数字计算机仅有有限的存储空间。让一个计算机具有无限的存储空间并不存在理论上的困难。当然，在任何时候，都只有有限的部分被使用。同样，只有有限的存储空间被建造。不过可以想象，可以根据要求将越来越多的存储空间添加到数字计算机中。这样的计算机具有特殊的理论价值，被称为无限容量计算机。

有关数字计算机的设想很早就有了。1828—1839 年担任剑桥大学卢卡斯数学教授席位[①]的查尔斯·巴贝奇（Charles Babbage）就曾设想了这样的机器，并称之为分析机，但是并没有真正设计出来。尽管巴贝奇形成了所有的必要思路，他的机器在那个时代却没有吸引人的前景。它能够达到的运算速度肯定比一个计算员要快，但还是不及曼彻斯特机的 1/100，而曼彻斯特机在现代的计算机中已经是相当慢的了。分析机的存储全靠齿轮和卡片，是纯机械的。

纯机械的巴贝奇分析机可以帮我们破除一个迷信。"现代数字计算机都是用电的"这个事实常常被过分强调了，神经系统也是电的。既然巴贝奇的机器不是用电的，并且因为所有的数字计算机在某种意义上都是等价的，那么我们就明白

---

[①] 英国剑桥大学的一个荣誉职位，授予对象为数学及物理相关的研究者，同一时间只授予一人，牛顿、霍金都曾担任此教席。

了电的使用在理论上并没那么重要。当然,在涉及快速信号发送时通常会使用电,因此将电用于计算机和神经系统的连接就没什么奇怪的了。在神经系统中,化学现象起码和电同样重要,而有些计算机的存储器主要基于声学原理。计算机和神经系统都使用电,但这仅仅是表面上的相似。如果我们希望寻找两者之间深层的相似,倒不如看看功能上的数学相似性。

## 5. 数字计算机的通用性

上一节考虑的数字计算机可以被归类为"离散状态机"。这类机器可以从一个确定状态向另一个状态突然跳转。这些状态之间有很大的差异,几乎不可能造成状态的混淆。严格说来,这样的机器是不存在的。实际上,万物都是连续变化的,但还是有许多种机器被看作是离散状态的机器。例如照明系统中的开关,可以看成只有"开"和"关"两个状态,它们之间肯定有中间状态,但是在绝大多数情况下可以忽略。作为离散状态机器的例子,我们可以考虑一个每秒顺时针或逆时针转 120 度的轮子,这个轮子在外部杠杆的阻挡时会停下来,轮子到某个位置时有盏灯会亮起来。这个机器可以抽象地描述为,机器的内部状态(用轮子的位置表示)可以为 $q_1$、$q_2$ 和 $q_3$,输入信号是 $i_0$ 或 $i_1$(杠杆的位置)。任一时刻的内部状态由上一次的状态和输入信号共同决定,输出信号的情况如附表 1 所示。

**附表1　状态表**

| 输入信号 \ 上一状态 | $q_1$ | $q_2$ | $q_3$ |
|---|---|---|---|
| $i_0$ | $q_2$ | $q_3$ | $q_1$ |
| $i_1$ | $q_1$ | $q_2$ | $q_3$ |

输出信号是唯一能够被外部观测到的状态指示器(灯),状态与灯的对应关系如附表 2 所示。

附表2　输出信号与状态的对应关系

| 状态 | $q_1$ | $q_2$ | $q_3$ |
|---|---|---|---|
| 输出信号 | $o_0$ | $o_0$ | $o_1$ |

这是一个典型的离散状态机的例子。只要状态数量是有限的，就可以用这样的表格来描述。

可以看出，只要给定初始状态和输入信号，所有的未来状态都是可以预测的。这让我们想起了拉普拉斯的观点，那就是：只要给出宇宙中任意时刻所有粒子的位置和速度，就能够预知未来的所有状态。和拉普拉斯相比，我们的预测要更接近实用性。在"把宇宙作为整体"的系统中，只要初始条件有一个很小的误差，都会在以后引起颠覆性的效应。某个时刻一个电子发生了十亿分之一厘米的偏移，可能造成一年后某人在一场雪崩中的生死差别。我们称为"离散状态机"的机械系统不会发生这种现象。即使考虑实际的物理机器而不是理想中的机器，只要知道了某个时刻合理、准确的状态信息，就可以相当准确地预测未来的状态。

如前所述，数字计算机属于离散状态机，但是这样的机器所能够达到的状态数量通常是相当大的。例如，现在在曼彻斯特工作的机器大概有 $2^{165\,000}$ 个状态，也就是大约 $10^{50\,000}$ 个状态。而上文中所说的轮子仅有 3 个状态。不难理解为什么状态数量如此巨大，计算机的存储器对应于计算员的纸，这些存储器应该能够写入任何能够写到计算员的纸上的符号组合。为简单起见，假设仅用从 0 到 9 这 10 个数字作为符号，忽略手写体的差别。假如一台计算机的存储器相当于 100 张纸，每张有 50 行、每行有 30 个数字，那么这台计算机的状态数量就会是 $10^{100\times 50\times 30}$，即 $10^{150\,000}$，大约是 3 个曼彻斯特机的状态量的总和。通常取状态数的对数（基数为 2）作为机器的"存储容量"，因此曼彻斯特机的存储容量大概是 165 000 位，而上文中轮子的存储容量是 1.6 位。如果两台机器一起工作，他们的存储容量应该是两台机器存储容量的和。因此我们可以说,"曼彻斯特机有 64 个磁带存储器,每个磁带存储器的存储容量是 2560,还有 8 个电子管,每个电子管的存储容量是 1280。各种各样的存储器加在一起大约是 300 个,存储容量总共是 174 380"。

只要给出机器对应于离散状态机的表格,就能够预测出机器将会做什么。这样的计算当然也能通过数字计算机来完成。只要运行速度足够快,数字计算机就能够模拟任何离散状态机的行为。这样,模仿游戏就变成了在当前机器(当作 B)和模仿的数字计算机(当作 A)之间进行,而提问者将无法区分出它们。当然,数字计算机除了运行速度要足够快,还要有足够大的存储空间,而且模仿不同的机器之前必须被重新编程。

数字计算机因可以模拟任意离散状态机的特殊性质也被称为"通用机器"。数字计算机的通用性为我们带来了一个重要结果:如果不考虑速度,就不需要设计不同的新机器来执行不同的计算,它们都可以用一台数字计算机来实现,只要根据不同情况进行相应的编程即可。由此可见,所有数字计算机在某种意义上都是等价的。

现在,我们可以重新考虑在第 3 节末提出的问题,暂且用"想象中可以在模仿游戏中表现出色的计算机是否存在?"来代替"机器能思维吗?"这个问题。如果愿意,我们还可以提出一个看起来更普遍的问题——"是否存在表现出色的离散状态机"。但是从通用性的角度可以看出,这两个问题都等价于:让我们把注意力集中在一台特定的数字计算机 C 上,如果我们让其拥有足够大的存储空间和足够快的计算速度,并对它进行适当的编程。在模仿游戏中,如果由人扮演角色 B,那么 C 能不能令人满意地扮演角色 A 呢?

## 6. 关于主要问题的对立观点

现在我们认为基础已经清理好了,可以就"机器能思维吗?"及所有可以替代这一问题的问题展开辩论了。我们并不能完全放弃原始问题,因为不同的学者对我们提出的用来替代原问题的问题的合理性会有不同的意见,我们至少应该听取这方面的意见。

可能我先解释一下自己的信念,会让读者觉得简单些。首先让我们来看看这个问题更确切的形式。我相信,大约 50 年后计算机的存储量可达到 $10^9$ 左右,那时我们将可以通过为计算机编程使它在模仿游戏中表现更好,达到一般提问者在提问 5 分钟后能准确判断的概率不超过 70% 的效果。我认为,原来那个"机器能思维吗?"的问题就没有什么意义了,自然也就不值得讨论了。尽管如此,我相信到本世纪末(注:指 20 世纪末),由于词语的使用方式和教育观点会发生改变,那时候人们再谈论机器思维就不会有这么多反对意见了。我还相信,掩盖这些信念不会有什么益处。人们普遍认为,科学家进行科学研究工作总是从可靠的事实到可靠的事实,从来不受任何未经验证的猜想所影响,这种看法是相当错误的。只要能清楚地划分哪些是经过证明的事实,哪些是猜想,就不会有害处。猜想往往是非常重要的,因为它们可以提示有用的研究线索。

现在我来考虑与我的看法相对立的观点。

## (1)"鸵鸟"式的异议

机器思维的后果太可怕了,但愿机器不会思维。

这种观点不如上面的说法那样直言不讳,但它影响了很多人的想法。我们都愿意相信,在某些微妙的方面,人类比其他生物更优越。要是能证明人一定是比其他生物高一等的,那就再好不过了,因为那样一来,人就没有失去高高在上的统治地位的危险。神学论点的流行明显与这种情绪密切有关。这种看法在知识分子中更强烈,因为他们比其他人更看重思维的力量,更愿意建立人类在这方面能力优越性的信念。

我认为这个论点不够充分,不值得反驳,安慰会更合适:也许在灵魂轮回说中应该能找到些安慰吧。

### （2）来自数学的异议

数理逻辑的一些结果可以体现离散状态机能力的局限性，其中最著名的就是哥德尔定理。这个定理（1931年）表明，在任何足够强的逻辑系统中都能形成一个陈述，这个陈述在本系统中既不能被证明，也不能被证伪，除非这个系统本身就是不一致的，丘奇（1936年）、克利（1935年）、罗瑟和图灵（1937年）等人也得到了相似的结果。图灵的结果最容易理解，因为直接涉及机器，而其他人的结果相对来说是间接的：比如，如果使用哥德尔定理，我们还要通过机器来描述逻辑系统，反过来又需要通过逻辑系统来描述机器。图灵说的机器实质上是一台通用数字计算机，已经证明了这样的机器也有做不了的事情。如果让计算机在模仿游戏中回答问题，对有些问题它要么给出错误答案，要么不管给它多长时间它也回答不出来。可能会有很多这样的问题，这台机器答不了，但另一台机器却能给出满意的回答。我们现在假定，所提的都是只需要回答"是"或"否"的问题，而不是像"你认为毕加索怎么样？"之类的问题。我们知道机器无法回答的问题都是下面这类问题，"考虑以下特点的机器……这台机器会对任何问题做出'是'的回答吗？"这里省略的是如第 5 节中对某台标准机器的描述。如果所描述的机器与被提问的机器有某些相对简单的联系，那么就能知道，答案要么是错了，要么就是没有答案。这就是数学结论，这个结论认定机器能力有限，而人类智能则没有这种局限性。

我对这个观点的简单回应是：尽管已经确定任何特定机器的能力都有限，但人类智能不受限制这一点只是被声称，却没有任何证明。我认为不应该轻易放过这个论点。每当一台机器被问到恰好关键的问题，并且它给出肯定不正确的答案时，我们会产生一种优越感。这种感觉是错觉吗？毫无疑问，这是真实的，但我认为这没那么重要。我们自己经常也会回答错一些问题，没必要对机器的错误沾沾自喜。而且，我们的优越感来自对一台机器的小胜，但我们无法同时对付所有的机器并取得胜利。简而言之，人可能比一台特定的机器聪明，但是可能还有其他更聪明的机器。

我想，大多数持数学异议的人可以接受把模仿游戏作为讨论的基础，而持前两种反对意见的人可能对任何判断标准都不感兴趣。

### （3）来自意识的论点

杰斐逊教授在1949年曼彻斯特大学的李斯特演说中很好地表达了这个论点，我引用他的一段话，"除非有一天，机器能够凭借思想和情绪写出一首十四行诗或一支协奏曲，而不是用符号偶然拼凑出来，我们才能承认机器和大脑一样。也就是说，它不仅写了这些，而且要意识到这些是它自己写的。任何机器都无法（不只是人工信号或简单装置）对成功感到喜悦，也不会对电子管故障感到悲伤、对赞美感到温暖、对错误感到沮丧、对性感感到着迷、对失去心爱之物感到痛苦。"

这个论点看上去否定了我们测试的有效性。按照这种观点的最极端形式，你要确信机器思维的唯一途径就是成为那台机器，自己去感受思维活动，然后再向世人描述这种感受，但是当然不会有人真的成为那台机器。同样，依照此观点，要想知道一个人是否会思维，唯一的途径就是成为那个人。这实际上是唯我论的观点，这也许是最有逻辑的观点，但使得观点的交流变得异常困难。可能出现的情况是，A相信"A在思维，而B不在思维"，而B相信"B在思维，而A不在思维"。与其为此争执不休，不如客客气气地认为大家都在思维。

我肯定杰斐逊教授并不希望采用极端的和唯我论的观点，他也许愿意把模仿游戏当作一个测试。模仿游戏（省略了游戏者B）在实际中经常采用"口试"的方式来测试某人是真的理解了某件事，还是只是在"鹦鹉学舌"。让我们来听一下这种"口试"。

> 提问者：你的十四行诗中第一行是"让我把你比作夏日"，把"夏日"改成"春日"，是不是也行，或者更好些？

> 证人：这样就不押韵了。
>
> 提问者：改为"冬日"呢？这样就押韵了。
>
> 证人：可以，但是没有人愿意被比作冬日。
>
> 提问者：你说匹克威克先生让你想到圣诞节了？
>
> 证人：有点儿。
>
> 提问者：圣诞节也是冬日，我认为匹克威克先生不会介意这个比喻。
>
> 证人：你在开玩笑吧。冬日是一个具有典型冬天特征的日子，而不是圣诞节这种特殊的日子。

如果那台写十四行诗的机器在"口试"中能够这样对答，杰斐逊教授会有何感想呢？我不知道他会不会把机器的那些答复当作"人工信号"，但是，如果这些答复能如上面引述的那样令人满意并且持续下去，我认为杰斐逊教授不会将其描述为一台"简单装置"。"简单装置"的意思是，把一个人朗诵十四行诗的录音放到机器里，随时按动按钮就可以开始播放录音。

简而言之，我认为大多数支持来自意识方面异议的人宁愿被说服而放弃原来的主张，也不愿陷入唯我论的困境。因此，他们可能愿意接受我们的测试。

我不想给人留下这样的印象，即我认为意识并没有什么神秘之处。例如，想要给意识定位就存在相关的悖论。但是，我认为在我们能够回答本书关注的问题之前，并不一定非要先解决这些谜团。

### （4）来自各种能力缺陷的论点

这类论点如，"我保证，虽然你可以让机器做任何你提到的事情，可你永远也不能让一台机器做 X"。这样的 X 有许多特征，我可以列举一些：

善良、机智、美丽、友好、有干劲、有幽默感、明辨是非、会犯错、会恋爱、喜欢草莓和奶油、能让别人爱上它、能从经验中学习、说话时用词恰当、有自己的思想、像人一样有多样化的行为方式、能做一些真正新颖的事情。

这些表述一般都没有证据支撑。我相信它们大多是以科学归纳原则为基础的。一个人一生中见过数千台机器，由此得出一般结论。它们形态丑陋，每一台都是为很有限的目的而设计，只要需求略有变动，它们就没用了，任何一台机器的行为变化范围也很小，等等。持这类观点的人很自然地认为，这就是机器一般的必然特征。大部分机器的能力受其存储量的限制（假设存储量这个概念扩展到别的机器而不限于离散状态机。精确的定义不那么重要，因为目前的讨论不需要数学的准确性）。几年前，数字计算机还鲜为人知，要是你光说其特征而不描述其构成，人家就会产生疑问。这想必也是因为人们对科学归纳原则的类似应用，当然这些应用很大程度上是无意识的。当一个被火烫过的小孩害怕火，并通过避开火来表示他的害怕时，我认为他就是在应用科学归纳原则（当然也可以用许多别的方式来描述这一现象）。科学归纳法好像并不适用于人的工作和习惯。如果想得到可靠的结果，人们就要对大量时空进行调查，否则，我们会（像许多说英语的儿童那样）以为所有的人都应该讲英语，学法语傻透了。

然而，针对前面提到的一些能力缺陷，有一些专门的评论。比如有些读者认为，机器缺乏品尝草莓冰激凌的能力是无关紧要的。实际上，要制造一台能够品尝这种美味的机器，也不是不可能，但只有白痴才会这么做。但是，这种能力缺陷会带来其他缺陷，比如说，人和机器之间很难产生像人与人之间的友谊。

宣称"机器不能犯错"好像是个奇怪的说法。我们不禁要反问："这样会更糟吗？"让我们抱着更加同情的态度来看看这究竟是什么意思。我想可以用模仿游戏来解释这种批评。有人提出，在游戏中，提问者简单地用几道算术题就能分辨出哪个是机器、哪个是人。由于机器有极高的精确性，因此很容易被揭开面纱。我的回应很简单。一方面，被专门编程为应对这场模仿游戏的机器不会试着给出算术题的正确答案，而是通过故意算错来蒙骗提问者。另一方面，如果发生机械故障，机器可能会在做算术题时出现错误，做出不合适的决定而暴露了自己。虽然这种批评的解释不太有同情心，但限于篇幅，我们不再进一步讨论。在我看来，这种批评混淆了两种错误，即"功能错误"和"结论错误"。"功能错误"是由某些机械或电气故障引起的，这些故障导致机器不能按其设计来工作。在进行哲学讨论时，我们愿意忽视发生这种错误的可能性，因而讨论的是"抽象的机器"，这些抽象的机器是数学的虚构而不是实在的物体。从定义上讲，它们没有"功能错误"。正是在这个意义上，我们可以说，"机器不会出错"。只有当机器的输出信号有一定的意义时才会出现"结论错误"。例如，机器能够打印数学方程或英语句子，当机器打印出一个错误命题时，我们就认为这台机器犯了"结论错误"。很明显，没有任何证据证明机器从不犯这类错误。一台机器有可能别的什么也不会做，只会反复打印"0 = 1"。举一个更合常理些的例子，机器会通过科学归纳得出结论，这种办法肯定会偶尔导致错误的结果。

有种说法是，机器不能成为它自己思维的主体，如果能证明机器的某些思维涉及主体的话，就能反驳这种说法。尽管如此，"机器操作的主体问题"确实有点意义，至少对研究它的人来说是如此。比如，如果一台机器正在试图解 $x^2-40x-11 = 0$ 这个方程式，这时候就可以把这个方程式本身作为机器主体的一部分。从这个意义上说，机器无疑能够成为它自己的主体。这对机器构造自己的程序或预测因本身结构变化带来的结果都会有所帮助。机器能够通过观察自己行为带来的结果，修改自己的程序，以便更有效地达到某些目的。这不是乌托邦式的空想，而是在不久的将来有可能实现的。

有人批评说，机器的行为比较单一，其实还是说，机器不具备很大的存储容量，直到最近，能达到 1000 字的存储量都很罕见。

我们在这一节考虑的批评意见，实际上都是关于意识的异议的改头换面。通常情况下，如果我们坚持一台机器有能力完成其中一件事，并对机器所能采用的方法进行描述，不会给别人留下多深的印象。人们会认为那些方法（不管什么方法，肯定是机械的）实在太低级了。大家可以参考前面引述的杰斐逊演讲的那段话。

### （5）洛夫莱斯伯爵夫人的异议

关于巴贝奇分析机最详细的信息来自洛夫莱斯伯爵夫人的回忆录（1842年）。她写道，"分析机没有*原创*什么的意图，它可以做*我们知道如何命令它去做的任何事*"（斜体是她所加）。哈特利（1949年）引用了这段话并补充道，"这并不意味着就不能制造一个可以'独立思考'的电子设备，或用生物学的话说，我们能够在其中建立起条件反射并将此作为'学习'的基础。这个设想原则上是否可行，是一个很刺激和令人兴奋的问题。但从当时的发展来看，无论是已经建好的还是正在建造中的机器，似乎都还不具备这个特点"。

我完全同意哈特利的看法。需要注意的是，他并没有断言我们讨论的机器在当时不具备这个特点，而是指出洛夫莱斯伯爵夫人可拿到的证据不足以使她信服。从某种意义上来说，这些机器很有可能已经具备了这个特点，因为我们设想某些离散状态机具备这个特点。分析机实际上是一台通用数字计算机，因此如果它的存储量和速度达到一定水平，就能通过适当的编程来模仿我们讨论的机器。也许伯爵夫人或巴贝奇都没有想到这一点。无论如何，我们都不能苛求他们说出所有能够被说出的东西。

我们将在后面的"学习机器"中再讨论这个问题。

洛夫莱斯伯爵夫人异议的另一种说法是：机器"永远做不出真正的新东西来"。这种说法可以用一句谚语"太阳底下没有新鲜事"来抵挡一阵。哪个人能保证他的"原创工作"不是通过教育让自己身上埋藏的种子成长的结果，或者不是遵循广为人知的普遍原则的结果呢？这个异议还有另外一个说法，即机器永远也不能"让我们吃惊"。这种说法是一个更直接的挑战，我可以直接回应。机器经常令我吃惊。这主要是由于我对机器能做什么的估算不足，或者说，我的估算又匆忙又马虎，还有点冒险。我也许会这样对自己说，"我猜这里的电压和那里的一样吧，管它呢，就当是一样的吧"。我自然经常出错，但结果却往往让我大吃一惊。因为当实验完成的时候,这些假设就被我忘了。我开诚布公地欢迎大家批评我的错误,但当我证实我所经历的吃惊时,大家也别怀疑我的诚信。

我并不奢望我的回答使批评者沉默。他们也许会说,所谓吃惊都是因为我自己富于想象力的心理活动,和机器没什么关系。这就让我们重回关于"意识"的争论,而远离"吃惊"的话题。我们不得不考虑结束这个争论了。但也许值得一提的是,要确认某个事物是否令人吃惊,确实需要许多"富于想象力的心理活动",不管这个令人吃惊的事是起源于一个人、一本书、一台机器,还是其他任何东西。

我认为,那种认为机器不会令人吃惊的观点,是由哲学家和数学家们特别关注的一个错误的假设引起的。这个假设是,心灵一旦接受了某个事实,由这个事实引起的一切都会同时涌入心灵。在许多情况下,这种假设十分有用,但人们很容易忘了这其实是个错误的假设。这样做必然导致大家认为,仅仅从数据和普遍原则得出的结论没什么价值。

## (6)来自神经系统连续性的论点

神经系统当然不是离散状态机。一个在神经脉冲尺度上输入神经元的微小信息错误都可能导致在输出脉冲尺度上的巨大差异。既然这样,就可以说,别想用一个离散状态机去模仿神经系统的行为。

离散状态机器肯定和连续机器不一样。但是如果我们遵守模仿游戏的条件,提问者就无法利用这种差别。如果我们观察一下其他更简单的连续机器,情况就更清楚了,一台微分分析机就足够了(微分分析机是一种用作非离散状态计算的机器)。有些机器能打印出答案来,所以适合参加模仿游戏。一台数字计算机不可能猜准微分分析机对一个问题究竟作何答复,但它却能给出正确回答。比如,如果你要它回答 π 的值是多少(实际上约等于3.1416),它可能就会在3.12、3.13、3.14、3.15、3.16 之间随机选择,选择概率分别为(比如)0.05、0.15、0.55、0.19、0.06。这样的话,提问者就很难把微分分析机和数字计算机区分开了。

### （7）来自行为的不规范性的论点

我们不可能制定一套规则，用以描述一个人在每一种可以想象的环境中应该做什么。比如，可能有这样一条规则：红灯停、绿灯行，但是，如果由于某种故障红灯和绿灯同时亮了呢？为了安全起见，我们也许会决定在红灯和绿灯同时亮起时止步。但这个决定可能会带来更多的后续问题。试图提出一套覆盖所有可能性的行为规则，哪怕只是红绿灯的规则，看起来都是不可能的。我完全同意这个看法。

由此人们争论说，我们不可能成为机器。我会尽力重现这个论点，但我担心很难做到公正。好像可以这么说，"如果每个人都有一套精确的行止规则来调控其生活，那么他与机器就相差无几了。但实际上不存在这样的规则，因此人不可能成为机器"。这里，不周延的中项（译注：应是指"行止规则"一词）很刺眼，我想不会有人像这样提出论点，但这里用的就是这样的论点。然而，人们可能会混淆"行止规则"和"行为规律"，致使这个问题受到影响。所谓"行止规则"，指的是像"红灯停"这样的规则，当你知晓了这种规则，你不但会行动，而且会有意识地行动。而"行为规律"是指自然规律，比如"如果你捏他，他就会吱声"。如果我们在引用的论点中用"规范生活的行为规律"来替代"规范生活的行止规则"，那么这个论点中的不周延中项的问题就不那么难克服了。因为我们认为，受制于行为规律意味着人就是某种机器（尽管不一定是离散状态机），反过来说，这样的机器也意味着受制于这样的规律。然而，我们很难轻易否定全套行为规律的存在，就像否认全套行止规则的存在一样。只有通过科学观察才能找到这些规律，但在任何情况下我们都不能说，"我们已充分研究过了，不存在这样的规律"。

我们可以更有力地证明这种说法不合理。假定存在这种规律，我们肯定能够找到。那么给定一台离散状态机，在一个合理的期限内，比如说一千年，应该可以通过观察找到规律并预测其未来的行为。但其实不然,我曾在曼彻斯特计算机上装了一个只有 1000 个存储单元的小程序,输入一个 16 位数字,机器在两秒钟内做出回答。我不相信有谁仅通过这些回答就能了解这个程序,能够对没试过的输入值预测输出的回答。

### (8)来自超感官知觉的论点

假设读者都熟悉超感官知觉的说法,有 4 种方式:心灵感应、千里眼、先知先觉和意念运动。这些令人不安的现象似乎否定了一般的科学观念。我们多么不想承认这些说法!不幸的是,统计证据至少对心灵感应的存在是有压倒性支持的。人们很难重新调整自己已有的观念以接受这些新事物。人们一旦接受了这些事物,就离相信鬼魂的存在也不远了。往这个方向迈出的第一步是,相信我们的身体除了简单按照已知的物理学规律运动外,还按照未知但多少有点相似的规律运动。

这个论点在我看来十分有力。人们可以回答,许多科学理论尽管同超感官知觉有冲突,但实际上还是可行的,事实上人们若对此置之不理,依然能活得很好。这是一种相当冷漠的安慰,人们害怕思维与超感官知觉之间可能真的有特殊的关系。

基于超感官知觉,会有更具体的论证,大致可以描述为:"让我们来玩模仿游戏,让一个像心灵感应者那样的人和一台数字计算机作为证人。提问者可以问'我右手中的牌是哪个花色?'这样的问题。有心灵感应或千里眼的人在 400 张牌中可以答对 130 张,而机器只能随机猜中 104 张,因此提问者就能正确判断了。"这里还有一个有趣的可能性。假使这台数字计算机有一个随机数字生成程序,那么它自然就会用这个程序来作答。但是,这个随机数字生成程序又受提问者意念运动的影响,这个意念运动也许能让计算机猜对的次数比概率计算出的次数多,可能会导致提问者无法做出正确判断。另一方面,提问者也能通过千里眼,不用提问就能辨别出机器和人。有了超感官知觉,一切皆有可能。

如果允许把心灵感应加入模仿游戏，我们就需要把游戏设定得更严格些。这就好比在模仿游戏中，提问者正在自言自语，一个被问者正贴着墙侧耳偷听。要是让被问者待在一间"防心灵感应室"，就能满足所有要求。

## 7. 学习机器

读者可能会认为，我没有非常令人信服的论据来支持我的观点。否则，我就不必花费那么多精力来反驳对立的观点了。现在我就给出这样的论据。

让我们先回到洛夫莱斯伯爵夫人的异议，她认为机器只能按我们的指令行事。可以说，人给机器"注入"一个想法，机器在某种程度上做出反应，最后又回复静止，就像被锤子敲击的钢琴键一样。或者就像一个低于临界体积的原子反应堆，输入的想法就像从反应堆外部进入的中子，每个中子都会引起一些反应但最后会消失，但如果反应堆的体积足够大，中子引起的反应很可能会持续增加，直到整个反应堆解体。人类心灵中是否存在这样的现象呢？机器中呢？这好像应该是人类心灵的一部分，而且大多数都处于"亚临界"状态，类似处于亚临界体积的反应堆，一个想法进入这样的心灵中，平均下来只会产生少于一个的想法。有一小部分心灵处于超临界状态，进入这样心灵的想法会产生二级、三级和延伸更远的想法，最终形成一个完整的"理论"。动物的头脑显然是处于亚临界状态的。出于这个类比，我们要问："一个机器能不能做成超临界的？"

"洋葱皮"的类比也很有用。在考虑心灵或大脑的功能时，我们发现一些操作完全可以用纯机械的方式来解释。我们说的这个并不是真实的心灵：如果我们要发现真正的心灵，就要把这层洋葱皮剥去。但之后我们发现还有一层皮要剥……就这么一直剥下去，我们能够到达"真正的"心灵吗？还是最终发现皮里面什么也没有？如果是后一种情况，那么整个心灵都是机械的。（但它不是一个离散状态机，我们已经讨论过了。）

上面两段文字也没有提供令人信服的论据，倒不如称为"为了产生信念的诵读"。

唯一真正能令人满意的论据支撑出现在前面 "6.关于主要问题的对立观点"部分的开头，那只能等到本世纪末再进行所描述的实验了。但同时我们能说些什么呢？如果想要实验成功，我们现在该做点什么呢？

正如我所解释的，编程是关键，工程上的进步也是必要的，但看起来它们完全可以达到要求。估计大脑的存储容量在 $10^{10}$ 到 $10^{15}$ 位二进制数字之间，我倾向于下界，并且认为其中只有一小部分用来进行高级思维，其余大部分可能用来保存视觉图像。如果好好玩模仿游戏需要的存储量超过 $10^9$ 就会让我惊讶，这足够对付一个盲人（注：《大英百科全书（第 11 版）》的容量为 $2 \times 10^9$）。即使采用现有的技术，也可以做到 $10^7$ 的存储量，也许根本不需要提高机器的运行速度。被视为模拟神经细胞的现代机器的速度比神经细胞快 1000 倍，可以提供"安全边际"来补偿各种因素导致的速度损失，剩下的问题主要就是如何编程机器让其完成游戏。按照我现在的工作速度，一天大概能编 1000 个数字的程序，那么如果有大约 60 个工人能稳定、高效地工作，在未来 50 年就可以完成这项任务。好像需要些更快的办法。

在模拟成人心灵时，我们必须考虑心灵是怎么进入当前所在状态的过程，有 3 个部分：

（a）心灵的初始状态，即出生时的状态；

（b）它所接受的教育；

（c）它在教育之外的其他经验。

与其尝试通过编程模仿成人心灵，不如模仿儿童的心灵。如果让儿童接受合适的教育，就可能收获成人的大脑。假设儿童的大脑像一个刚从文具店买回来的笔记本，几乎没什么机制，只有许多空白页（机制和写字在我们看来几乎同义）。我们希望儿童大脑中的机制足够少以便于编程。假设教育机器的工作量和教育一个人类儿童基本相当。

这样我们就把问题分为两部分。儿童程序和教育过程，两者密切相关。我们不能指望一下子就找到一个好的儿童机器。我们必须对这样的机器进行教育试验，看它学得怎么样，并通过比较多个机器，看看哪个更好。通过识别可见，这个过程和人类的进化有明显联系。

$$儿童机器的结构 = 遗传物质$$

$$儿童机器的变化 = 变异$$

$$自然选择 = 实验者的决定$$

然而，有人可能希望这个过程比进化更快。适者生存是衡量优势的一种缓慢方法。实验者通过自己的智能经验可以加快这一过程。同样重要的是，他并不需局限于随机变异。如果他能找出造成某些缺陷的原因，就能想到改进它的变异方法。

教育机器不可能使用与教育正常儿童完全相同的方法。例如，它没有腿，因此不会被要求去装煤斗。它也可能没有眼睛。无论聪明的工程师采取什么办法克服这些缺陷，只要这样的机器被送到人类的学校，肯定会遭到其他学生的嘲笑。机器必须得到专门指导。我们不必太注意腿、眼等，海伦·凯勒女士的例子表明，只要老师和学生能够以某种方式进行双向交流，教育就能进行。

我们通常把奖惩和教学过程联系在一起。可以按照这种原则对一些简单的儿童机器进行构建或编程。机器需要这样来构造：如果一个事件刚开始就收到惩罚信号，这个事件就不大可能再重复，而收到奖励信号的事件的重复概率会提高。这些定义并不预设机器的感觉，我已经用一台这样的儿童机器做了一些实验，并成功地教会了它一些东西，但我实验用的教育方法太不正规，还不能称为真正的成功。

奖惩的使用最好能作为教学过程的一部分。粗略来说，如果教师没有与学生交流的其他方式，那么学生能收到的信息量不会超过所用的奖惩的总和。当学生只能通过"20个问题"的技术来重复学习 Casabianca 这个词时，每个"NO"都是一次打击，他会感到非常痛苦。因此必须寻找其他"非情绪化"的交流渠道，如果可行的话，通过奖惩就能让机器服从以某种语言发出的命令，比如符号语言。这个命令将通过"非情绪化"的渠道来传达。这种语言的使用将会大大降低所需奖惩的次数。

对于什么样的复杂度适合儿童机器，大家可能有不同的看法。有人主张在遵守普遍原则的前提下尽可能选取复杂度低的机器。也有人主张嵌入一个完整的逻辑推理系统。在后一种情况下，大部分存储空间将被用来存储定义和命题。这些命题会有各种各样的状态，例如确定的事实、推测、数学上证明的定理、权威给出的判断、具有命题逻辑形式却没有确定值的表达式，等等。一些命题可以被称为"命令"。机器的构造应该做到：当命令确定时立即自动执行合适的动作。例如，如果老师对机器说"现在做家庭作业"，那么"老师说'现在做家庭作业'"将放在确定的事实之中。另一个事实可能是"老师说的一切都是对的"。这两个事实结合在一起将使"现在做家庭作业"纳入确定的事实之列。根据机器的构造规则，这意味着机器将立即开始做家庭作业，结果会令人非常满意。机器的推理过程并不需要让严格的逻辑学家感到满意。例如，这里可能没有类型的层次结构，但这并不意味着出现类型错误的概率会比我们从没有栏杆的悬崖上摔下的概率更高。合理的命令（在系统内部表达，不构成系统规则的一部分），比如"不要使用一个类型，除非它是老师提到的某个类型的一个子类"就与"不要太靠近边缘"具有相似的效果。

能让没有肢体的机器服从的指令，肯定体现了某种智力，就像上面做家庭作业的例子。在这些指令中，最重要的是调节逻辑系统规则的执行顺序。因为在这个系统的每一步，都会有许多不同的步骤可选，在遵守逻辑系统规则的情况下，选择任意一个都行。如何选择将区分推理者是聪明还是愚蠢，而不是区分正确还是错误。形成这类命令的命题可能是，"当提到苏格拉底的时候，使用巴巴拉式三段论"或者"如果有一个方法被证明比其他方法快，就不要使用慢的方法"。这些命题一部分可能"来自权威",其他的也可能来自机器自身,例如通过科学归纳。

对有些读者来说,学习机器的想法可能显得自相矛盾。机器的运行规则怎么能改变呢?无论机器过去经历过什么,未来会有什么变化,其运行规则都应该完整地描述机器会如何反应,即这些规则是不随时间变化的。确实是这样的。我们对这个悖论的解释是,在学习过程中变化的规则是那些不太自命不凡而且自称短时有效的规则。读者可以拿美国宪法做个比较。

学习机器的一个重要特征是,它的老师通常不关心其内部发生的事情,尽管在一定程度上老师能预测学生的行为。从良好设计(或编程)的儿童机器发展起来的机器在进行后期教育时更应该如此。这一点与使用机器进行正常计算的过程形成鲜明对比:计算时的目标是要清晰地了解机器在计算中任意时刻的状态。要想达到这个目标(译注:学习机器而非计算机器的目标)需要付出艰苦的努力。这样一来,"机器只能按我们的要求行事"的观点就会显得很奇怪了。我们输入机器的大部分程序将导致机器做一些我们无法完全理解的事,或者被认为是完全随机的事。智能行为应该和完全服从命令的行为有所不同,但差别又不太大,不应该产生随机行为或无意义的循环。通过教育和学习使我们的机器"备战"模仿游戏时,一个重要结果是"人类易犯错"可能会被自然忽略掉,即不需要专门的"指导"(读者应该将其与本书前面提出的"应该是指机器也会学得像人一样易犯错的行为特点"这一观点调和一下)。学习的过程并不会产生百分之百确定的结果,否则就不是学习了。

在一个学习机器中加入随机元素可能是明智的。当我们寻找某个问题的答案时,随机元素会相当有用。例如,我们想找一个介于 50 和 200 之间的数,它等于组成它的各个数字的和的平方。我们可以从 51 开始,再试试 52,一直试下去,直到找到满足条件的数。另一个方法是随机选数,直到找到满足条件的数。这种方法的优点是不需要记录已经试过的数,缺点是可能会重复,当有多个解时,这一点并不是很重要。系统化方法有个缺点，就是可能在很大一个区间内都没有解，但我们需要先判断是否有解。现在的学习过程可以看作寻找满足老师的要求（或其他标准）的行为。既然可能存在大量的解，随机方法可能比系统方法更好。应该注意的是，在类似进化的过程中，系统方法是不可行的，那应该如何记录已经试过的不同基因组合以避免做重复的无用功呢？

我们希望，最终机器能在所有纯智力领域和人竞争。但从哪儿开始呢？甚至这也是个难题。许多人认为抽象的活动，像国际象棋，可能是最好的选择。也有人认为最好用钱给机器买最好的传感器，然后教它理解英语并学会说英语，就像正常教一个小孩一样，可以教它指出和称呼某个东西，等等。我也不知道正确答案是什么，但是我想两种方法都应该试试。

我们只能看到前方不远处，但可以看到，那里有许多事需要去做。

# 参考文献

[1] 波普尔.客观的知识：一个进化论的研究[M].舒炜光，卓如飞，梁咏新，等译.浙江：中国美术学院出版社，2003.

[2] 波普尔.历史主义贫困论[M].何林，赵平，等译.北京：中国社会科学出版社，1998.

[3] 布尔金.信息论：本质，多样性，统一[M].王恒君，嵇立安，王宏勇，译.北京：知识产权出版社，2015.

[4] 史密斯，科林斯.认知心理学：心智与脑[M].王乃戈，罗跃嘉，等译.北京：教育科学出版社，2017.

[5] 培根.新工具[M].许宝骙，译.北京：商务印书馆，1984.

[6] 波普尔.猜想与反驳：科学知识的增长[M].傅季重，纪树立，周昌忠，等译.浙江：中国美术学院出版社，2013.

[7] 胡虎，赵敏，宁振波，等.三体智能革命[M].北京：机械工业出版社，2016.

[8] 温伯格.知识的边界[M].胡泳，高美，译.山西：山西出版传媒集团，山西人民出版社，2014.

[9] 培根.培根随笔集[M].王义国，译.北京：商务印书馆，2016.

[10] 韦德.黎明之前：基因技术颠覆人类进化史[M].陈华，译.北京：电子工业出版社，2015.

[11] 青木昌彦，安藤晴彦.模块时代：新产业结构的本质[M].周国荣，译.上海：上海远东出版社，2003.

[12] 格雷克.信息简史[M].高博，译.北京：人民邮电出版社，2013.

[13] UNCTAD. Digital Economy: 2019[R]. 2019.

[14] 百度文库. 罗兰·巴特 作者之死[EB/OL]. (2010-11-02)[2020-08-15].

[15] 昆德拉. 不能承受的生命之轻[M]. 许均, 译. 上海: 上海译文出版社, 2010.

[16] 沃森. 20世纪思想史: 从弗洛伊德到互联网. 张凤, 杨阳, 译. 江苏: 译林出版社, 2019.

[17] 波普尔. 科学发现的逻辑[M]. 查汝强, 邱仁宗, 万木春, 译. 浙江: 中国美术学院出版社, 2008.

[18] 搜狐网. 青木昌彦的理论思想及其对中国改革的影响[EB/OL]. (2015-07-28)[2020-08-15].

[19] 张维迎. 博弈论与信息经济学[M]. 上海: 上海人民出版社, 1996.

[20] 尼克. 人工智能简史[M]. 北京: 人民邮电出版社, 2017.

[21] 李枫. 乔姆斯基的语义思想及其阐释[J]. 作家, 2011(22).

[22] 新浪博客. 关于乔姆斯基和统计学习的两种文化（编译）[EB/OL]. (2013-09-25)[2020-08-15].

[23] 凯利. 必然[M]. 周峰, 董理, 金阳, 译. 北京: 电子工业出版社, 2016.

[24] 中金点睛. 中金前沿科技系列: 脑机接口从科幻到现实[EB/OL]. (2020-05-11)[2020-08-15].

[25] 李发伸, 李廉, 殷建平, 等. 如何解读机器知识[J]. Engineering, 2020, 6(03): 33-39.

[26] 范静涛, 方璐, 吴嘉敏, 等. 从脑科学到人工智能[J]. Engineering, 2020, 6(03): 96-106.

[27] AI科技评论. Yoshua Bengio: 注意力是"有意识"AI的核心要素[EB/OL]. (2020-05-06)[2020-08-15].

[28] 西蒙. 认知: 人行为背后的思维与智能[M]. 荆其诚, 张厚粲, 译. 北京: 中国人民大学出版社, 2010.

[29] 维纳. 控制论：或关于在动物和机器中控制和通信的科学：第2版[M]. 郝季仁，译. 北京：科学出版社，2009.

[30] 莱考夫，约翰逊. 我们赖以生存的隐喻[M]. 何文忠，译. 浙江：浙江大学出版社，2015.

[31] 京东法律研究院. 欧盟数据宪章：《一般数据保护条例》GDPR评述及实务指引[M]. 北京：法律出版社，2018.

[32] 昭杨. 数字化时代欧洲如何立法保护个人隐私[J]. 公共管理研究，2017，000(001).

[33] 郑成思. 知识产权论：第3版[M]. 北京：法律出版社，2007.

[34] 塔普斯科特. 区块链革命：比特币底层技术如何改变货币、商业和世界[M]. 凯尔，孙铭，周沁园，译. 北京：中信出版集团，2016.

[35] 佚名. 深网[M]. 张雯婧，译. 北京：中国友谊出版公司，2016.

[36] 新浪财经. 2020最新版Libra白皮书（谷歌翻译版）. (2020.04.16)[2020-08-15].

[37] 弗洛伊德. 梦的解析[M]. 叶凡，译. 北京：北京联合出版公司，2015.

[38] 卡思卡特. 电车难题：该不该把胖子推下桥[M]. 朱沉之，译. 北京：北京大学出版社，2014.

[39] 吴文峻，黄铁军，龚克. 中国人工智能的伦理原则及其治理技术发展[J]. Engineering，2020，6(03)：212-229.

[40] Yolanda Gil，Bart Selman. 美国未来20年人工智能研究路线图. 计算社区联盟（CCC）和美国人工智能协会（AAAI）. 2019年8月6日发布.

[41] 维特根斯坦. 逻辑哲学论[M]. 贺绍甲，译. 北京：商务印书馆，1996.

[42] 维特根斯坦. 哲学研究[M]. 李步楼，译. 北京：商务印书馆，1996.

[43] 罗素. 逻辑与知识：1901-1950年论文集[M]. 苑莉均，译. 北京：商务印书馆，1996.

[44] 韩林合.《逻辑哲学论》研究[M]. 北京：商务印书馆，2016.

[45] 霍奇斯. 艾伦·图灵传：如谜的解谜者（上）[M]. 孙天齐，译. 湖南：湖南

科学技术出版社，2017.

[46] 霍奇斯.艾伦·图灵传：如谜的解谜者（下）[M].孙天齐，译.湖南：湖南科学技术出版社，2017.

[47] 冯志伟文化博客.Chomsky"最简方案"的理论基础[EB/OL].(2011-04-05)[2020-08-15].

[48] 徐烈炯.生成语法理论：标准理论到最简方案[M].上海：上海教育出版社，2019.

[49] 趣历史.仓颉造字的神话故事 仓颉是怎么造字的？[EB/OL].(2017-12-23)[2020-08-15].

[50] 豆瓣网.读库.维特根斯坦：告诉他们我过了极好的一生[EB/OL].（2018-04-27）[2020-08-15].

[51] 乔姆斯基.语言与心智：第3版[M].熊仲儒，张孝荣，译.北京：中国人民大学出版社，2015.

[52] 搜狐网.动物有意识吗？脑科学作了这些研究与回答[EB/OL].(2017-04-30)[2020-08-15].

[53] 侯世达.哥德尔、艾舍尔、巴赫：集异璧之大成[M].严勇，刘皓明，莫大伟，译.北京：商务印书馆，1996.

[54] 侯世达，桑德尔.表象与本质：类比、思考之源和思维之火[M].刘健，胡海，陈祺，译.浙江：浙江人民出版社，2018.

[55] 李耳，庄周.老子·庄子[M].北京：北京出版社，2006.

# 后 记
## 对已知的无知

对于很多问题,前人已有大量思考。人类知识传递过程的有限性(漏斗效应)导致很多时候我们只知道一些剩下的、不知其所以然的结论(可能连很多结论也被大量信息淹没),容易让人产生好像自己都要从头开始的错觉。

选择性忽略及路径依赖是造成这种错觉的原因,即在某个偶然时点上忽略前人的许多东西之后,一旦留下来的东西获得成功并被广泛接受,就会形成沿着这个方向的路径依赖,致使原本已知的其他东西被淹没,成功的东西越强大,被忽略的东西就被掩埋得越深。香农信息论导致的选择性忽略和路径依赖就是一个很典型的例子。就像按照分类学做分类研究时观察到的那样,当某个分支发展得异常茁壮时,原本和它在同一个属内的其他分支往往就发展不起来了,而原本其他的分支并不一定是没有意义或者没有价值的,因为保持多样性才是进化和创新的源泉。

我们观察一株植物时,不应该因为某根枝条异常粗壮、某颗果实异常膨大就只观察这根枝条和这颗果实,就枝条谈枝条、就果实谈果实,以此来讨论它们粗壮和膨大的原因以及它们未来的丰收前景,而是应该把这个枝条和果实赖以存在的枝干,甚至根部都考虑进去,再看看旁边的枝条有没有什么问题、有没有什么其他情况,因为这些情况也许会与我们观察的这根枝条和这颗果实有某种关系,理解了这种关系才能更好地理解我们观察的对象。所以,如果可能的话,我们要多看看枝干甚至整棵大树,才能更好地预判我们所处的这根"枝条"可能结出什么样的"果实"。

但做这样的事情是非常困难的。不同枝条上的前人在各自枝条上耕耘的时候,往往用了不尽相同的语言(尤其是指称词,甚至往往从表示简单物的指称词就开始了)。也就是说,大家虽然实际上说的是一回事,但是用的却不是同一个词汇。事实上,往往某个大师在某根枝条开宗立派之后,后人随着各自专业的精进,又在分业之初的指称词的基础上发展出各自一套的专业词汇体系。但实质上,若把这个最初的差别消除掉,可以发现,其实很多大师,尤其是哲学家、心理学家、语言学家们原来在探究的都是同一件事——"意义",也就是"什么是意义"以及"意义是如何产生和实现的"。就像哈克(P.M.S. Hacker)在《哲学研究》的评注中所说的,"哲学问题经常不是为了追求答案,而是为了找寻意义"。弄清楚这一点,可以帮助我们理解很多前人的思想。当然,专业词汇体系构成的专业性仍是个现实障碍。原本很不幸但后来又感到有些侥幸的是,我不是任何专业人士,所以看不懂,也不大关心这些专业化的表达。或者说,我并没有太过关心这些大师很多晦涩难懂的文字"在说"什么,而是试图理解这些大师"想"说的是什么(他们的言外之意、语用信息)。看明白他们"想"说什么之后,会突然发现,原来他们只是想告诉大家一些最浅显的道理(只是大多数人没意识到、忽视了或误解了的道理),又怕大家不理解,所以千方百计用各种他们自己觉得易于大家理解的文字和表达给大家掰开揉碎了地讲。他们"想"说的道理之浅显,就像维特根斯坦所说,"我的命题应当是以如下方式来起阐明作用的:任何理解我的人,当他用这些命题为梯级而超越了它们时,就会终于认识到它们是无意义的(可以说,在登上高处之后他必须把梯子扔掉。他必须超越这些命题,然后他就会正确看待世界")。但大多数时候,后人是令他们失望的。后人与他们的脑子不同,对他们所说的话的理解自然也就不同,这是无可奈何的事情。

  因此,在整个过程中,我并没有做什么,只是看了看前人的思考和做的事情。迄今为止重要的思考和重要的事前人都做过了,但有些只是思考了和做了,却没有说透或表达(显示)清楚,给后人留下了很多误解。我尝试把这些前人已经思考或已经做了,但他们没说透、没表达清楚、给后人造成误解的事澄清了一下。我主要澄清了两件事:一是由香农完成的语法信息和语义信息的分离(以及由此带来语法信息处理效率和语义信息处理效率的差距），可以称为信息的第一次分离；二是由维特根斯坦、图灵以及乔姆斯基完成的指称语义和逻辑语义的分离（以及由此带来的逻辑语义处理的精进和指称语义的仍然神秘），可以称为信息的第二次分离。第一次分离大大提高了机器的通信效率，第二次分离大大提高了机器的逻辑计算效率，这两次分离带来的信息处理效率的提升都是通过数字技术实现的。或者说，第一次分离造就了数字化信息世界，第二次分离造就了人类智能以外的人工智能。澄清信息的这两次分离，可以帮助我们更好地理解前人的很多伟大思想和开创性工作，也更好地认识我们所处的世界及其变化。在这一点上，本书倒有点暗合了维特根斯坦说的"这种研究是通过消除误解来澄清我们的问题"。当然，这完全是我的个人理解。

波普尔的科学哲学为我们找到自己所处的位置提供了很好的参照。伟大的哲学家、科学家和工程师们在用数字技术促成信息的这两次分离之后，使（语法）信息和（逻辑）语义信息的处理效率大大提高，能够从人脑中分离出来的东西，人们不但都"说"了，而且"说"得越来越清楚、越来越快、越来越多，但人们"说"不清楚的东西，仍然在人脑中顽强地坚守着自己的神秘。正由于它的神秘和"说"不清楚，所以它的进步或改变也不像"说"得清楚的那部分那么明显，因而人们似乎有些忽视这部分，但我认为这是不对的。"说"得清楚并数字化了的部分固然重要，未被（或不能）数字化的这部分可能更重要，因为"说"不清楚的这部分才是人的根或者灵魂根基，人们应该对自己的精神世界多一点珍惜。所谓"悟"，应该就是审视自己的内心（俗话说的内心，生物意义上的大脑）。

另一方面，在很大程度上解决了"说"的问题的同时，人们"听"的能力却还停留在原地，而在人脑中负责"听"的部分恰好又正是"说"不清楚的部分，"说"出来的大量信息符号无法被及时"听"到和"听"懂，所以人们感觉信息（符号）越来越多，意义却越来越贫乏，这并不是一种错觉或矫情，而是一个事实。于是人们又发展了 AI 来帮助自己解决一部分"听"的问题（在现实中更多的

分析信息　香农、维特根斯坦、图灵和乔姆斯基对信息的两次分离

是机器"读"取并记录下的数字化数据）。这个过程就相当于人们推着信息从人脑出发、跑出人脑之外经过两次分离、绕了老大的一个圈子之后，又回到了原地不动、固步自封的（另一个）人脑之中，在兜这个大圈子的过程中信息却不可避免地膨胀起来（原因包括信息流变导致的、虚构信息越来越多，即符号自发生成不对应任何原始对象的新的符号；数据自动记录和采集等），超出了人们"听"的能力，所以人类发展了 AI 来帮忙"听"，但人们又怕 AI 完全"听"懂了自己的意思。我们现在正活在这种纠结当中。

很多人都在欢呼信息革命带给人们的巨大帮助，但维特根斯坦知道，人类虽然可以把灵魂的躯壳推出老窝，把灵魂中有逻辑的一部分也推出老窝（事实上，这两部分本来就在灵魂本质之外，之前是人们自己没搞清楚），让它们承载信息革命的重任并享受信息革命成功的荣耀，但人们再怎么努力，也无法把灵魂中最神秘的那部分本质的东西赶出老窝，而使用数字化或其他任何方法都无法进入灵魂中最神秘的那块领地，信息革命与之无关。他之所以知道，是因为他尝试过、努力过，而他根本就"说"不清、"看"不清那神秘之物。这样一来，我们也就能理解《信息简史》里"没有灵魂的 Internet"一说的由来，因为灵魂根本不可能离开人类精神世界。虽然信息革命不能触动它，但信息浪潮或者"浑浊的信息河流"有没有可能淹没它？AI 会不会发生革命或"顿悟"，有没有可能取代它？这些都是我们正在面对的问题。正如我们已经身处数字化信息世界的包围之中，也许很快（也许比想的还要快）就将身处机器智能的包围之中，人类的精神世界如何存在是不得不考虑的问题，这是意示人类存在的那点萤火烛光。

打个比方，这就有点像剑宗和气宗的情况。外家练剑的最高境界是，剑招（逻辑、结构、知识）早已自明、自在（客观存在），只要你能精确计算出环境（语境）中的各种因素（数据），你就总能找到（用算法算出）其中效率最高的出剑路线（剑招），所谓"无招胜有招"，自从参破了这一层，剑宗就一日千里、突飞猛进、门徒众多，还分出了重剑派（语法）和花剑派（逻辑）。重剑派开门立户得

早，现在已经有了自己的广阔地盘（数字化信息世界），花剑派脑子好使，自己锻造了个工具 AI 来陪练（陪算），正在迅速扩大地盘，不过扩大后的地盘还能不能由人说了算还不一定。而内家练气的方法没有别的窍门，就是一个字——"悟"，到底该怎么练、怎么干，谁也"说"不清楚，因为一个人一个样，个个都不同，不管谁练气，都只能求诸己"心"、指望"顿悟"，所以一直没什么进展，门户也日渐式微，没啥弟子，快要被人遗忘。而且气宗的发展与地域没有关系，东方人悟了几千年，西方人最近一百年来也意识到了"悟"的重要性，也开始悟了，都还没悟出什么来。但是，如果不练气，万一要是 AI 先"悟"了，这真是个问题。

《逻辑哲学论》真是一部伟大的作品，每读一次都能读出新的意思来，而且每翻开一次都能找到和你当时心境相符的意思，甚至你刚想到一个问题，你就会发现，你想找的答案早就在书里了，比你能想到的答案还要精到，甚至比你能想到的问题还要精准，不禁使人感慨，世间居然还能有算法复杂度这么高的人啊，每个我能想到的意思他都早已用最简单（最经济）的语法符号编码"说"过了。和人们的愚钝拖沓比起来，维特根斯坦后来那么义无反顾地放下自己的逻辑哲学、走到自己明知不会有结果的"不可说"之地，而且还不得不拿起明知道没什么帮助的逻辑和数学工具去探究，并真诚地希望和图灵讨论一下这条路的可能性，希望得到认真对待哪怕是否定，但以他的数学水平可能并不会让图灵认真对待，反而落得被人奚落甚至鄙夷的下场，还不是为了寻求人间的"道"从何而来，他只是想尝试一下能否使用逻辑和数学的工具——这个人们听得懂的语言，向人们显示一下那非逻辑的世界。真应该为他感叹：人间，不值得！如果觉得其他的事情实在没什么挑战性、没什么意思，像罗素那样转头去搞搞政治也不错啊，乔姆斯基不也转行了吗，都过得挺好啊。维特根斯坦最后却告诉大家，"告诉他们我过了极好的一生"。从许三多的角度来看，"有意义，就是好好活；好好活，就是有意义"，维特根斯坦认真而有意义地过了一生，所以他最后也真诚地说："极好！"

在网上看到与维特根斯坦有关的一些趣事，感觉他也确实过了极好的一生。

其中有两个很有代表性的故事。

一个是1929年回到剑桥后，维特根斯坦用《逻辑哲学论》申请博士学位。论文答辩委员会由三位大师组成：罗素、摩尔、魏斯曼。三个人在答辩前一直漫无边际地讨论着维特根斯坦论文里的问题。很长时间没人敢开口问维特根斯坦一个学术问题。后来罗素转向摩尔说："你必须问他几个问题，你是教授。"摩尔表示自己还没有弄懂维特根斯坦的问题。罗素（一说是摩尔）只好问维特根斯坦："你一会说关于哲学没有什么可说的，一会又说能够有绝对真理，这是矛盾。"维特根斯坦笑着走到摩尔与罗素面前，拍拍他们的肩膀说："不要担心，你们永远也搞不懂这一点。"然后几位大师一致同意通过他的博士学位申请，答辩就这样结束了。

另一个是波普尔曾颇为得意地自述他就"哲学是否存在"的问题挑战维特根斯坦（维特根斯坦认为没有真正的哲学问题，只有语言的疑难），并引发两人冲突的事情，后来被人演绎成维特根斯坦拿拨火棍追打波普尔的传言。当时引发拨火棍的直接问题就是道德问题是否算是哲学问题。尽管波普尔认为自己赢了，但后人认为，通过我的分析也能看到，道德问题根本不是逻辑能说清楚的。所以现在大家说的AI道德伦理问题，就是想看看纯粹逻辑的AI和逻辑与非逻辑混合的人如何相处。把观点之争放在一边，波普尔叙述的口吻怎么看都有点像碰瓷得逞后的自得。而维特根斯坦不但看问题更本质，而且为人更纯真，他对真理的赤子之心无人可及。单凭这一点，他就更加值得敬仰。

如果说布尔金的《信息论：本质·多样性·统一》是一本现代武术大全的话，那《逻辑哲学论》就是传说中的绝世武功秘籍。遗憾的是，因资质愚钝，根基太差，所以我只看了一部分武术大全，从中学了几招，至于绝世秘籍，应了张文宏大夫那句话，虽然里面的每个字我都认得，却只能看懂一些句子和段落，无法明白维特根斯坦整体的思想。对于一个热情、深刻、认真、纯正、出类拔萃的人（罗素对他的评价），我不认为他是故弄玄虚，因为没有必要，看看他的一生就知道了（虽然他后来回到剑桥做了哲学教授，但是他私下里在给朋友的信中写道，当哲学教授是"一件荒谬的工作",是一种"虽生犹死的生活")。对于书中这些看不明白的部分,我只想明白了一件事,就是如果到不了那个高度,就根本想不到那些他早已想到的问题,自然看不懂他为这些问题准备好的答案。就像爬山时前人为后人搭的梯子一样,你还没爬到那么高,你怎么能想到前面有什么沟,前面不但有沟,还有先前上去过的人留下的梯子。维特根斯坦说,"在登上高处之后他必须把梯子扔掉",如果是写在《哲学研究》中,那可以认为是他自谦的话,但是写在《逻辑哲学论》里,我觉得这反映了当时的他已经知道,后面根本没有人能登上这个高处,并且他也相信,以前也从未有人登上过。(至少西方没有。我不确定他是否了解东方哲学,但估计他不了解。因为老子和佛陀可能登上过这个高度、提及类似的问题,但老子并没有留下一两本关于逻辑或指称(名)的秘籍。难怪经济学家约翰·梅纳德·凯恩斯(John Maynard Keynes)在迎接他回剑桥时说:"上帝到了,我在5点15分的火车上接到了他。")关于这个,看看他在《逻辑哲学论》前言里的话就知道了。"本书想要为思想划一个界限,或者毋宁说,不是为思想而是为思想的表达划一个界限:因为要为思想划一个界限,我们就必须能够想到这界限的两边(这样我们就必须能够想那不能想的东西)","我之所以没有指明思想来源,是因为我思考的东西是否已为别人先行思考过,于我是无关紧要的事情","这里所传达的思想的真理性,在我看来是无可辩驳的和确定的。因此我认为,问题从根本上已获致最终的解决"。不懂的人会以为他自大到目中无人了,但其实正如他所言,他所登上的高峰是一个能够俯视这一可说之界和看到那一不可说之界的交界的地方,所以他说的这些话并不是狂妄自大,于他而言,不过是非常严肃、认真、严谨地陈述了一个事实。

对于那些奚落他的人,我想再重申那句话,逻辑并不是世界的全部,也不是哲学的全部,更不是语言的全部,逻辑甚至不是真理的全部,真理中仍然包括非逻辑的成分——如果承认"意义"是真理的一部分的话。逻辑和非逻辑加起来才构成世界,才构成哲学,才构成语言,才构成真理,才构成人,才构成人生。逻辑能建造出精确、精准、精密的结构和机器，非逻辑才能创造出鲜活的色彩和生命力，但完全由非逻辑自己做主时又会让人觉得不知所谓。非逻辑的部分可能也有自己的"逻辑"，但目前仍在我们的观察能力之外，所以它看起来很神秘，现在逻辑不能很好地解释这些非逻辑的部分，就像能够很好解释宏观低速现象的牛顿经典力学理论不能很好地解释高速运动的物理现象和微观物理现象那样，那些要等到相对论和量子理论发展起来后才能得到解释。不能解释会使一个东西看起来神秘，但并不意味着它不存在。维特根斯坦在《逻辑哲学论》之后就一直想向大家展示它的存在，结果就像严顺开老师的小品《张三其人》里一心想向大家表明"是风把衣服刮掉了"的张三那样，一直说"这不是风么？这不是风么？"，最后自己成了别人眼中的"人来疯"。

如果说《逻辑哲学论》是本绝世剑谱的话，那么《哲学研究》就是一本气功心得。不过我基本同意维特根斯坦的话，《哲学研究》确实比较贫乏，连心法也算不上，因为他自己也没参透，更多的是他自己的体验心得。这也难怪让哥德尔等人瞧不起。之所以说基本同意，是因为贫乏也只是相对于他自己的《逻辑哲学论》而言，即便只是心得，也已远在众人之上。他在《哲学研究》里记录下的对记号（语法符号）、对象在心里产生的感受和体验以及记号、语音、语义、意义之间的转换之细微照样无人可及，真不知道他是怎么做到的，因为这应该是正常人无法做到的事情。只是这些非逻辑的事情没人关心，所以看起来他好像只是在介绍自己神神秘秘的个人体验。没登上过那座高峰的人，自然体会不到那种自高峰回复到平静（在他看来可能就是平庸）的怅然，连罗素都不能理解。逻辑到不了那个高度，自然想不了非逻辑的事情，所以他敢对罗素和摩尔说，你们永远也搞不懂这一点，而这两位大师也并不否认他的说法。所以他也只能用大家能理解的方式自嘲，"我就是玩玩语言游戏罢了"。对于《哲学研究》的命运，维特根斯坦也并非没有判断，"尽管本书是如此贫乏，这个时代又是如此黑暗，给这个或那个人的头脑中带来光明也未尝就不可能是本书的命运——但当然，多半是没有可能的"。

《哲学研究》是一本自相矛盾的书。这本书里既有对绝对逻辑的反思，也有用逻辑对自己切身体验的批判。后一点尤其令人无奈，维特根斯坦从逻辑的角度对自己的切身体验进行了批判，可能是希望能够和大家（逻辑决定论者）使用共同的语言，以表示他不是在搞神秘主义。我觉得，这可能也是他说自己在剑桥当哲学教授"虽生犹死"的部分原因，甚至是大部分原因所在。他在这种内心冲突中居然只是感觉"虽生犹死"而没有疯掉，也足以令人惊叹他的意志力之强大。我认为，对他在《哲学研究》中以逻辑思维批判其切身体验的内容，都应该反着读，也就是把那些逻辑性批判的话去掉，保留他最有价值的对切身体验的描述，可能才是读这本书的正确姿势。（当然，他在这本书里对绝对逻辑的反思是应该保留下来的内容。）如果反着读，就会发现，关于语言（语词）的意义与大脑生物机能之间的关系，并不是直到图灵、乔姆斯基才被人们意识到的问题，也并不是直到纳拉亚南提出隐喻神经理论才能解释一些非逻辑思维的现象，维特根斯坦早就认识到了这些问题的存在。

要想看明白维特根斯坦的这两本书，我觉得还应该看看参考书。不过能为维特根斯坦这两本书做参考书的恐怕不多，如前所述，把《道德经》和这两本书放在一起读会部分相互印证，但参考作用比较有限。佛门经典是我能想到的另外最可能有参考价值的书了，因为佛陀可能到达过维特根斯坦到达的境界，没准有过什么心得记载，也许会有点儿帮助。

至于人脑的3台计算机，柏拉图、弗洛伊德、神经学家麦克莱恩等都早已发展了类似的思想，本书只是借用他们的成就，重新起了个主计算机、缓冲计算机、边缘计算机（和麦克莱恩说的边缘系统不同，我把他说的边缘系统叫作缓冲计算机）的名字罢了。在没有更好用的分析工具之前，用它们来审视（猜测）一下大脑的计算过程应该还是个不错的选择。这有点像用科学方法帮人"悟"的意思，以维特根斯坦的天才眼光来看，恐怕也不一定管用；按照他在《哲学研究》最后的建议，似乎应该发展一门叫作"心理数学"（他叫作"数学基础"）或"心理逻辑"

的学科，实际上他还是想用数学或逻辑的工具来研究心理、情绪、感觉、感性这些"说"不清楚的、非逻辑的问题，而不是想研究数学本身或给数学打什么基础（如果非要说打基础，那就是给数学打个心理基础），也就是他还是"痴心妄想"地想让后人碰碰运气，再尝试一下看看有没有可能把心理（灵性、心灵）的问题纳入逻辑或数学方法的轨道。后来人们用他的遗稿（或讲义）编辑的《数学基础研究》，应该就是具化了这种想法，但显然不得其法。因为这种跨越两界的事真的很难说，我认为行不通，可能还不如"棒喝"管用。他的"语言游戏"已经到了一个极高的境界，但他还是太痴迷，想不开也放不下，最终没有到达佛祖"拈花一笑"之境。虽然有了佛祖"拈花"和迦叶"一笑"，却也还是"不可说"，但是佛祖毕竟是想开了、放下了。老子也早把这个事甩到一边，无为自在去了。也许以后还可以尝试用《西游记》来分析一下，看看能不能对解决维特根斯坦的困境有所帮助吧。

我并非否认"练剑"给我们的世界带来的巨大改变和给我们的生活带来的巨大福利，也并不认为"练剑"不如"练气"，更不是鼓励大家都去"练气"，而是希望大家不管是"练剑"还是"练气"，都能够不忘初心，记得自己还有个精神世界，在我们创造出来的新的世界构成里，还是要给它保留一个位置。

也正因为非专业性，所以我在理解前人思想时，未免有些粗糙，不求甚解，也因此会带来很多错误。于我而言，鱼和熊掌不可兼得；对读者而言，我只能表示抱歉，并感谢读者的宽容。错误之处，欢迎大家批评指正。